Es ist überall nichts in der Welt,
was ohne Einschränkung
für gut gehalten werden könnte,
als allein ein guter Wille

Immanuel Kant

Harald Saul

Familienrezepte aus Ostpreußen

Geschichten, Personen und Rezepte einer unvergessenen Zeit

Weltbild

Genehmigte Lizenzausgabe für
Verlagsgruppe Weltbild GmbH,
Steinerne Furt, D-86167 Augsburg

Gesamtgestaltung: Lore Jacobi, Jesewitz
Umschlaggestaltung: Atelier Lehmacher, Friedberg (Bay.)
Gesamtherstellung: Freiburger Graphische Betriebe GmbH & Co. KG,
Bebelstraße 11, 79108 Freiburg
Printed in Germany

ISBN 3-8289-1217-6

2008 2007 2006 2005
Die letzte Jahreszahl gibt die aktuelle Lizenzausgabe an.

Inhalt

Vorwort

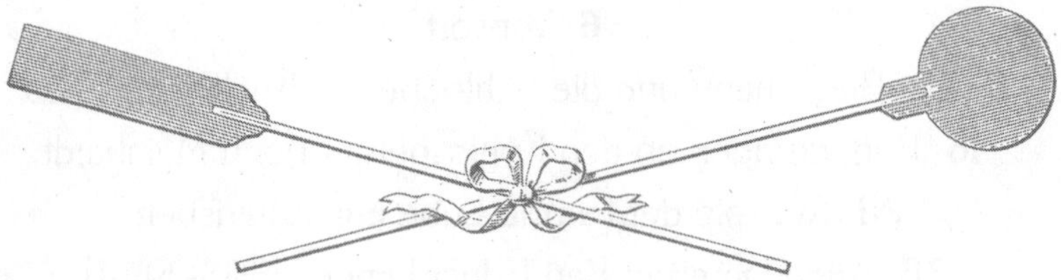

Kann man es einem „Nicht-Ostpreußen“ abnehmen, wenn er sich für ein Land interessiert, das es schon lange nicht mehr gibt?
Ich war 12 Jahre alt, als mir ein Lehrer von Königsberg erzählte und mich neugierig machte. Ich hörte von britischen Bombern, die in den Augustnächten 1944 Phosphor über der Stadt versprühten, und lauschte seinen Erzählungen über den Festungskampf, der mit der Kapitulation am 9. April 1945 endete.
Er sprach vorsichtig von Breschnew, der die fremde Kultur im früheren Königsberg, das nun Kaliningrad hieß, ausmerzen wollte und 1969 die Reste des Königsberger Schlosses sprengen ließ. Er konnte wunderbar erzählen von den alten Vierteln an den beiden Pregelarmen und von der Dominsel.
Ich ging in die Stadtbibliothek und fragte nach Büchern über Königsberg. Pikiert antwortete mir die Bibliothekarin, daß Kaliningrad jetzt eine moderne, sowjetische Großstadt sei … .
Als ich im Frühjahr 1999 im „Ostpreußenblatt“ für ein recht persönliches Kochbuch um Übermittlung von Rezepten, Erinnerungen und Dokumenten bat, erhielt ich ein überwältigendes Echo. Briefe, Pakete und persönliche Gespräche erbrachten eine erstaunliche Fülle an einmaligen Erinnerungen.
Nun ist das „Ostpreußen-Geschichts-Kochbuch“ fertig und vieles an Material konnte nicht berücksichtigt werden. Deshalb habe ich vor allem die Speisen und Menüfolgen in das Buch aufgenommen, die noch weitgehend unbekannt sind oder nur einem kleinen regionalen Kreis zugänglich waren.
Alle Rezepte sind, wenn nicht anders vermerkt, für vier Personen berechnet.
Liebenswerte Menschen lernte ich kennen in den neuen und alten Bundesländern,

die mit großer Verbundenheit von ihrer ehemaligen Heimat sprachen. Ich danke ihnen für die unvergeßlichen Gespräche und ihre Bereitwilligkeit, mir das historische Material uneigennützig zu schenken oder leihweise zu überlassen.
Ich lernte ein Land kennen, das über eine hohe Kultur verfügte und von der Bescheidenheit und dem schöpferischen Einfallsreichtum seiner Menschen geprägt war. Bemerkenswert und für mich als sehr ähnlich empfindenden Thüringer beeindruckend der Stolz der Ostpreußen auf ihre Familientraditionen, auf alte Bräuche und das weite schöne Land.
Von Ella Brachmann und ihren Eintopf-Spezialitäten aus der Kalcherschen Werksküche in Schloßberg bis zu den Traditionsgerichten von Schloß Schlobitten spannt sich ein bunter, erstaunlich vielfältiger Bogen. Das liegt sicher daran, daß die Erinnerungen der Befragten so lebhaft und gegenwärtig sind – vieles wurde wieder und wieder in den Familien erzählt. Und diese Erinnerungen sind wohl auch Ausdruck der patriarchalischen Verbundenheit der Ostpreußen mit ihrem Land und den Menschen, resultierend aus starkem Traditionsbewußtsein und dem Aufeinanderangewiesensein im arbeitsreichen Alltag. So werden alltägliches Leben und außergewöhnliche Schicksale nacherlebbar.
Wandel der Geschichte: Heute ist es wieder möglich, jenes versunkene Land, seine Städte und Dörfer zu bereisen. Ostpreußen, das Kernland Preußens, das nach dem Alliierten Kontrollratsgesetz vom 25. Februar 1947 nicht mehr existiert, lebt in seinen früheren Bewohnern und ihren Nachkommen weiter, wie auch in seinem historischen Erbe, das aus der preußisch-deutschen Geschichte nicht mehr herauszulösen ist.
Ich bedanke mich bei allen, die mir geholfen haben, daß dieses Buch entstehen konnte. Besonderen Dank auch meinen beiden Arbeitskolleginnen, Frau Krista Seyfarth und Frau Beate Korn aus Gera, die mir beim „Übersetzen“ alter Familiendokumente eine wichtige Hilfe gewesen sind.

Gera, im Herbst 2000

Ella Brachmann
und die Schloßberger Küche um 1925

Ella Brachmann
1932

Ella Brachmann (1914-1995) erinnerte sich bei unserem Zusammentreffen noch lebhaft an die Zeit in Schloßberg (vormals Pillkallen, heute Dobrowolsk) und an ihre Tätigkeit in der Werksküche der Firma Kalcher.

Kalcher – der Name stand für einen aufstrebenden Handwerksbetrieb. Frau Brachmann schwärmte von der 40-Jahr-Feier des Betriebes im „Schützenhaus" Schloßberg. An drei langen, mit Blumen geschmückten Festtafeln speisten die Festgäste, die zum Firmenjubiläum geladen waren. Der Chef Hans Kalcher, er war Maurer-

meister und Zimmermeister, sah an dem Abend sehr gut aus mit dem Eisernen Kreuz am weißen Band am Rockaufschlag.
Er engagierte sich energisch für Schloßberg und es ist sein Verdienst, daß vieles der Nachwelt erhalten geblieben ist: die Post und das Rathaus, etliche Straßenzüge und die Parkettfabrik. Hier, in der Parkettfabrik, arbeitete Ella Brachmann zu jener Zeit, als die Firma Kalcher & Söhne aufblühte.
Hans Kalcher finanzierte 1919 auch die elektrische Lichtanlage im damaligen Pillkallen und dann später in Schloßberg mit. (Am 16. Juli 1938 wurde die Kreisstadt Pillkallen in Schloßberg umbenannt.) Im neuen Königsberger Bahnhof sind viele Ziegel und das begehrte Parkett aus Pillkallen verbaut worden.
Schloßberg verdankt Hans Kalcher viel, erzählte Ella Brachmann. Sie erwähnte die Badeanstalt, die ihrer Familie viel Freude beschert hat, den neuen Schießstand in den alten Kiesgruben, den Saal im „Schützenhaus" und die Rollschuhbahn, die Hans Kalcher zu neuem Leben erweckte.
Die Zeit ist vergangen. In Meerane fand Ella Brachmann eine neue Heimat. 1990 reisten Freunde von ihr in das Dobrowolsker Gebiet. Auf zahlreichen Fotos und mit der Filmkamera hielten sie ihre Eindrücke fest – für Ella Brachmann eine schmerzlich-schöne Erinnerung. 1995 ist Ella Brachmann gestorben.

Ella Brachmanns
Eintopf-Erinnerungen aus Schloßberg

Gemüsesuppe
nach Familie Horn, Schloßberg um 1940

Sellerie, Mohrrüben,
Pastinaken (weiße Rüben),
grüne Bohnen,
Porree (nur die weißen Enden!),
Blumenkohl, Wirsingkohl,
Rindfleisch (Querrippe, gut durchwachsen),
Salz

Das Gemüse in beliebiger Form zerkleinern, in einen Kochkessel geben, mit Wasser auffüllen, salzen. Das große Stück Rindfleisch dazugeben und aufkochen lassen. Dann abschäumen und an nicht zu heißer Stelle auf dem Herd gar kochen.

Diese Gemüsesuppe war eine Erfindung der Großmutter des Pfarrers Horn. Sie hatte ihrem Enkel oft erzählt, daß im Januar 1816 im damaligen Pillkallen ein großes Freudenfest stattgefunden habe, bei dem ein riesiger Kessel dieser köstlichen Suppe an das Volk verteilt worden war. Die Gemüsesuppe bestand damals nur aus Gemüse, welches in Mieten gelagert wurde. Die Gutsbesitzer aus der ganzen Umgebung hatten es gespendet. Das Fest im damaligen Pillkallen, am 18. Januar 1816, wurde aus Freude über die endgültige Niederlage Napoleons bei Belle-Alliance (Schlacht bei Waterloo) gefeiert.
Die Gemüsesuppe kam bereits im folgenden Jahr, im Oktober 1817, beim 300jährigen Reformationsfest in Pillkallen zu erneuten Ehren. Aus großen Kesseln wurde die legendäre Suppe an die Pillkallener Bürger verteilt. 1817 war die Suppe bereits nach dem Rezept zubereitet, welches 1940 Ella Brachmann erhielt.
In vielen Küchen der Schloßberger Gegend hat man dieses Gericht später nachgekocht. In etlichen Gaststätten der Stadt wurde es um 1900 ständig angeboten, wie die wenigen erhaltenen Speisenkarten aus dieser Zeit zeigen.
Serviert wurde die Gemüsesuppe in Porzellanschüsseln, wobei obenauf oft ein paar Scheiben Rindermark lagen. Man liebte die Suppe auch mit fein geschnittenem Schnittlauch bestreut und mit körnig gekochtem Reis vermischt.

Sauerkraut-Kartoffel-Suppe

500 g abgeputzter Schweinekopf
(1/2 geräucherten Schweinekopf beim Metzger kaufen!),
Salz, Pfeffer, 1 zerdrücktes Lorbeerblatt,
1 kg frisches Sauerkraut,
1 kg geschälte Kartoffeln, 2 mittelgroße Zwiebeln,
100 g Schweineschmalz,
20 g Weizenmehl (1 geh. EL),
50 g Tomatenmark (5 EL), 1 l Schweinekopfbrühe,
100 g Schmand

Geräucherten Schweinekopf eine Stunde in mit Salz, Pfeffer und einem zerdrückten Lorbeerblatt angesetzten Wasser köcheln lassen. Wenn der Schweinekopf gar ist, herausnehmen, 1 l Brühe aufheben. Das Fleisch auslösen, in mundgerechte Stücke schneiden.
Gewaschenes Sauerkraut zerkleinern und entsprechend der Sauerkrautmenge in Würfel geschnittene Kartoffeln zugeben.
Reichlich klein geschnittene Zwiebeln in Schweineschmalz angehen lassen, das Sauerkraut-Kartoffel-Gemüse dazugeben, mit Mehl anstäuben, das Tomatenmark hinzugeben.
Alles etwas schmoren lassen, dann genügend geräucherten Schweinekopf hinzugeben und mit Schweinekopfbrühe auffüllen. Mit Salz, Pfeffer und zerdrücktem Lorbeerblatt würzen.
Beim Anrichten wird die dick gehaltene Suppe mit Schmand (angesäuerte Schlagsahne) abgezogen und sehr heiß auf den Tisch gebracht.

Möhreneintopf nach Schloßberger Art, etwa um 1920

1 kg Kartoffeln, 1 kg Möhren,
100 g Speck ohne Schwarte, 1 mittlere Zwiebel,
1 Schweinekopf (frisch),
1 Bund frische Petersilie,
Salz und Pfeffer zum Würzen

Geputzte Möhren mit einem gleichen Quantum an geschälten Kartoffeln in Würfelchen schneiden und gut abspülen. Dann den kleingeschnittenen Speck, ohne Schwarte, gut ausbraten und die kleinwürflig geschnittene Zwiebel hinzugeben. Alles gut durchschwitzen lassen und die Möhren- und Kartoffelwürfel hinzugeben. Mit der Schweinekopfbrühe auffüllen.
Als Fleischeinlage dient das gare, ausgelöste Fleisch vom Schweinekopf. Die Suppe wird nicht gebunden, da die Kartoffelstärke eine Bindung ergibt.
Besonders gut schmeckt der Eintopf, wenn reichlich frisch gehackte Petersilie darüber gestreut wird.

Wirsingkrauteintopf nach Ostpreußenart

1 frischer Wirsingkohlkopf, 2 mittelgroße Zwiebeln, 1 Hammelschulter (ca. 1 kg, ausgebeint), etwa 1 kg geschälte Kartoffeln, Salz, Pfeffer, 2 Zehen Knoblauch, 1/2 TL gemahlener Kümmel, 1 Bund Petersilie

Den Wirsingkohl putzen, vom Strunk sowie den starken Rippen befreien. Waschen und ganz kurz überbrühen, damit der Wirsing beim späteren Garen nicht die hellgrüne Farbe verliert.

Eine feinwürflig geschnittene Zwiebel in eine Kasserolle legen und den abgebrühten Wirsing darauf schichten. Zwischen die einzelnen Schichten hin und wieder etwas Salz, Pfeffer und gemahlenen Kümmel streuen. Dann etwa 1 bis 2 Stunden kalt stellen.

In der Zwischenzeit die gewaschene, ausgebeinte Hammelschulter in Salzwasser langsam bißfest kochen. Die zweite Zwiebel sollte man zum Kochen dazugeben. Die gar gekochte Hammelschulter in Scheiben schneiden, über den Wirsing geben. Die Brühe (etwa 1 Liter) darüber seihen und die in Würfel geschnittenen Kartoffeln dazugeben.

Die Röhre auf 180 ° C vorheizen und die Kasserolle hineinstellen. Den köstlichen dick gehaltenen Eintopf gut eine halbe Stunde dünsten. Erst kurz vor dem Garende die mittels Knoblauchpresse zerdrückten Knoblauchzehen in den Eintopf geben.

Angerichtet wird wie folgt:

Wirsingkohl und Kartoffeln dienen als Unterlage auf dem Teller, darauf kommt die in Scheiben geschnittene Hammelschulter. Dann streut man die ganz frisch gehackte Petersilie darüber.

Ella Brachmanns Sauerkohlsuppe

500 g gekochte Rinderbrust,
etwas Wurzelwerk, 1 Lorbeerblatt, Pimentkörner,
2 mittlere Zwiebeln, 100 g Schweineschmalz
1 kg frisches Sauerkraut,
200 ml saure Sahne,
1 1/2 l Brühe von der Rinderbrust,
1 kg Kartoffeln,
Salz, Pfeffer, Zucker,
1 Bund frische Petersilie

Rinderbrust in kaltem Salzwasser ansetzen und mit etwas Wurzelwerk, Lorbeerblatt und Pimentkörnern über mehrere Stunden langsam gar ziehen. Die Brühe darf nicht kochen! Nach Garende etwa 1 1/2 l Brühe aufheben.

In Streifen geschnittene Zwiebeln in Schweineschmalz in einer Kasserolle andünsten, dann das Sauerkraut hinzugeben. (Sauerkraut vor der Verwendung probieren. Besonders saures Sauerkraut mehrmals mit kaltem Wasser in einem Durchschlag abspülen!)

Dann die in kleine Würfel geschnittene Rinderbrust und die geschälten, geviertelten Kartoffeln hinzugeben. Mit etwas Salz, Pfeffer und Zucker würzen. Mit der sauren Sahne und der Rinderbrühe auffüllen, so daß die Kartoffeln gerade bedeckt sind.

Ofen auf 200 ° C vorheizen. Die Kasserolle fest verschlossen in die vorgeheizte Röhre stellen. Das deftige Gericht 1 Stunde in der Röhre schmoren lassen.

Vor dem Servieren den Eintopf mit frisch gehackter Petersilie bestreuen!

Die folgenden Gerichte sind dem Rezeptbuch Ella Brachmanns wörtlich entnommen und nicht verändert.

Der „Deutschtopf"

Das Fleisch einer Rinderhesse wird in kleine Stücke geschnitten und mit Zwiebelwürfeln (2 mittlere Zwiebeln) sowie Salz, Pfeffer und edelsüßem Paprika auf kleinem Feuer gedämpft.
Wenn es halbgar ist, gibt man die in Würfel geschnittenen Kartoffeln dazu. Für 4 Personen sollte man mindestens 1 Kilo Kartoffeln verwenden. Dann füllt man mit heißem Wasser auf, so daß die Kartoffeln gerade bedeckt sind.
Wenn es zu köcheln anfängt, sollte man schon einmal abschmecken, ob es zu scharf ist oder nicht. Dann etwas nachsalzen! Man würze weiterhin mit Thymian, Zitronenschale und Kümmel.
10 Minuten vor dem Garwerden lege man 2-3 geröstete Schwarzbrotscheiben auf die brodelnde Suppe. Mit einem Holzlöffel tauche man diese unter und lasse sie zerkochen.
Die gerösteten Schwarzbrotscheiben geben der Suppe, die dick gehalten werden sollte, ihren unnachahmlichen Geschmack.

Ella Brachmann hat dieses Rezept mit einigen Zusätzen versehen. Sie schrieb z.B., daß auch harte Pfefferkuchen sich ganz gut eignen, aber etwas eher als das Schwarzbrot an die Suppe kommen müßten.
Dazu hatte Ella Brachmann sich auch ein paar Herdeinstellungen notiert, zum Beispiel wenn sie bei ihrer Tante Ida in der Schirwindter Straße kochte.
Wörtlich zitiert: „Die Kohlen in Zeitungspapier wickeln und erst kurz vor dem Kochen auflegen. Dadurch hält die Glut länger und das Feuer brennt nicht so stark."
Außerdem hat sie etliche persönliche Bemerkungen über Familienmitglieder aufgeschrieben, zum Beispiel: „Onkel Ernst nicht mehr einladen, wenn Tante Ida zugesagt hat. Rinderhesse bei Stammbach kaufen…"

Überbackener Hecht auf Butternudeln

Auf einer Unterlage von Butternudeln richtet man pro Person ein etwa 150 g schweres Hechtfilet an, welches man in einem würzigen Gemüsesud vorgedünstet hat. Dann überziehe man es mit einer Käsesoße und bestreue alles noch einmal mit geriebenem Parmesan.
Dann gebe man alles in die vorher erhitzte Herdröhre und wenn es goldgelb wird, beträufele man es mit zerlassener guter Butter.

Butternudeln:

400 g Mehl mit 4 Eigelb, sowie Salz und einem Teelöffel Öl zu einem geschmeidigen Teig vermengen. Den Teig solange kneten, bis er glatt und glänzend ist. Eine halbe Stunde ruhen lassen und dann erst schön dünn ausrollen.
In einem großen Topf Wasser ansetzen und mit Salz und 2 Teelöffel Öl zum Kochen bringen.
Jetzt den Nudelteig in feine Nudeln schneiden. Ins sprudelnde Wasser die Nudeln geben und unter häufigem Umrühren nicht mehr als 5 Minuten köcheln lassen.
Nudeln auf ein Sieb geben und mit kaltem Wasser übergießen. Gut abtropfen lassen.
Butter in einem großen Tiegel zerlaufen lassen und die Nudeln anschwenken.

Käsesoße:

Das ist eine Rahmsoße bestehend aus Mehl, Milch, Eigelb, Butter und geriebenem Parmesan.
Butter (50 g) und Mehl (50 g) zu einer Schwitze anschwitzen und mit kalter Milch (1 Kaffeetasse voll) angießen. Aufkochen lassen und mit einem halben Liter Milch nach und nach auffüllen und gut durchkochen. Etwas erkalten lassen, dann das Eigelb und geriebenen Parmesan (etwa 50 g) dazu rühren.

Erinnerungen an den Königsberger Koch Meinhardt

Der Königsberger Koch W. Meinhardt, 1921

Bernhard Friedrich, geboren 1902 in Liegnitz/ Schlesien, gestorben 1993 in Meiningen/ Thüringen, war bis 1966 Lehrer an der Sprachheilschule in Meiningen und wegen seiner interessanten Erzählungen in seinem Unterricht bei vielen Schülern sehr beliebt. Besonders über Königsberg erzählte er sehr gern und so mancher Schüler lernte Ostpreußen kennen, obwohl es nicht in den Lehrbüchern zu finden war.
Bernhard Friedrich hatte 1927 bis 1930 an der Königsberger Universität studiert. Dann war er 10 Jahre Lehrer, erst in Königsberg und später im ostpreußischen Saalfeld (heute polnisch Zolewo). Von Saalfeld konnte er besonders viel berichten, war es doch eine alte Stadt, mit einer berühmten Kirche, der Pfarrkirche St. Johannis, im 13. Jahrhundert erbaut.

Liegnitz in Schlesien um 1900

Bernhard Friedrich kehrte erst 1947 aus dem Krieg heim. Ab 1951 wandte er sich sprach- und stimmgestörten Kindern zu. Er war sehr einfühlsam und beschäftigte sich mit jedem seiner Schüler ausführlich.

Da ich schon damals mit dem Kochberuf liebäugelte, sprachen wir manchmal, wenn ich ihn in seinem Gewächshaus besuchte, über die ostpreußische Küche.

Bernhard Friedrich hatte als Student in Königsberg den bekannten Koch Meinhardt kennengelernt. Oft erzählte mir Bernhard Friedrich von ihm und meinte, daß dieser viel auf seine Kochehre hielt und im „Blutgericht", einer Gaststätte im Königsberger Schloß, eine deftige Küche kochte, wo er auch wegen seiner derben Sprüche bekannt und gefürchtet war. Einmal soll Meinhardt einem Stammgast, der ihn kritisiert hatte, bei dessen nächstem Besuch eine einprägsame Lehre erteilt haben.

Anläßlich eines Geschäftsabschlusses hatte der kritische Gast zwei Nürnberger Kaufleute zum Essen eingeladen und einen mit Kastanien gefüllten Truthahn bestellt. Denn der Koch Meinhardt war wegen seiner Truthahn-Spezialitäten berühmt, nachfolgende Rezepte beweisen es.

Jedenfalls hatte der Königsberger Großkaufmann beim letzten Besuch im „Blutgericht“ etwas zu viel vom schweren Rotwein getrunken und den Küchenchef ermahnt, beim nächsten Besuch ihm und seinen Gästen einen wirklich frischen Truthahn zu servieren. Meinhardt tat dies auch – er briet einen ganz frisch geschlachteten Truthahn, ohne diesen abzuhängen…
Der Koch Meinhardt wohnte unweit der Grünen Brücke in Königsberg und ging auch sehr gern zu Kollegen essen und „quatschen“. 1880 kam Meinhardt beim berühmten Küchenchef Escoffier im Grandhotel Monte Carlo als Entremetier (Gemüsekoch) zu Ehren und arbeitete kurze Zeit mit Escoffier zusammen im Londoner Savoy-Hotel. 1882 heiratete Meinhardt Ernestine Wolfen und kehrte mit ihr nach Königsberg zurück.
In der Nähe der Grünen Brücke bezogen sie eine gemütliche Wohnung, wo auch der junge Student Bernhard Friedrich aus Liegnitz eine Unterkunft mit Familienanschluß fand.

Wissenswertes vom Truthahn

Der Truthahn – auch Puter oder Welschhahn genannt – ist das größte Schlachtgeflügel, welches in unseren Breiten gehalten wird. Das Truthahnfleisch ist nicht nur sehr bekömmlich sondern auch von hohem ernährungsphysiologischen Wert. Ursprünglich stammt der Truthahn aus Amerika, aber die Spanier brachten ihn nach Europa. In einem Jesuitenkloster wurde der große Küchenvogel gezüchtet. In Amerika lebt der Truthahn teilweise heute noch wild, wobei der gezüchtete stärker und größer ist, aber kürzere Beine hat. Bei guter Mast wird der Truthahn sehr schnell fett. In Frankreich mästet man Truthähne mit Walnüssen, wodurch das Geflügel sehr schmackhaft wird.

Aus den Aufzeichnungen von Meinhardt geht hervor, daß er entweder von einem Bauern aus Quednau (etwa 10 km vom Königsberger Schloß entfernt) oder vom Gut Ratshof seine herrlichen Puten bezog.
Regelmäßig fuhr er mit seiner Frau über Land, um Truthähne zu ordern. Die Besitzer von Gut Kalgen, Gut Spandienen und Beydritten waren sehr erpicht auf die Geschäfte mit dem Koch, denn sie wußten, daß er auch als Zwischenhändler für seine Fachkollegen in Berlin, Hamburg und sogar London auftrat.
Um die Weihnachtszeit wurde besonders in und um Königsberg in vielen Bürgerhäusern Truthahn auf die Familienspeisekarte gesetzt. Wenn der Truthahn auch

Bernhard Friedrich, 1970

nicht das feinste Geflügel ist, so ist er doch sehr schmackhaft. Er darf jedoch nicht älter als ein Jahr sein, wenn er einen saftigen Braten geben soll. Ältere Tiere eignen sich nur noch zum Dämpfen. Man erkennt einen jungen Truthahn an der weichen, feuchten, grundweißen Haut. Zeigt sich die Haut der Beine dagegen trokken, rötlich und hornartig, so ist das Tier älter.
Noch beliebter als Truthahn wurde mehr und mehr das zartere Fleisch der Truthenne, obwohl das Fleisch des Hahnes dreierlei Fleisch aufweist, das mit Schwein-, Rind- und Kalbfleisch vergleichbar ist. Das beste Fleisch ist das weiße Brustfleisch, es ähnelt Kalbfleisch. Das Hals- und Seitenfleisch ist etwas fett und kann mit Schweinefleisch verglichen werden. Das Keulenfleisch ist bräunlich und ähnelt Rindfleisch.
Truthahngeflügel nie frisch geschlachtet verarbeiten! Erst, wenn es durch mehrtägiges, kühles Abhängen mürbe geworden ist, kann man es verwenden.
Man fülle die Truthenne mit viel Trüffeln oder Kastanien. Besonders leckere Vorspeisen lassen sich aus den großen fleischigen Flügeln zubereiten.
Meinhardt hatte etliche Zubereitungshinweise in seinen Aufzeichnungen festgehalten. So zum Beispiel, daß die Kalahari-Trüffel zwar nicht so geschmacksintensiv wie die aus Frankreich, aber viel preiswerter sind. Auch Händleradressen bis nach Kapstadt und Windhoek sind vermerkt.
Besonderes Augenmerk legte Meinhardt auf das Ziehen der Sehnen aus den Putenkeulen. Dies geht besonders leicht, wenn man die Rückseite der Beine von der Sohle bis zum ersten Gelenk aufschneidet und dann die freigelegten Sehnen mit einem Tuch einzeln herauszieht, was bei alten Tieren einen großen Kraftaufwand erfordert.

Putenflügel nach Gutsherrenart
Gut Kalgen um 1880

4 Paar Putenflügel,
1 l Wasser, 1 TL Salz, 10 Pfefferkörner,
100 g frische Champignons, 50 g Paniermehl,
1 EL mittelscharfer Senf, 50 g Butter,
frische Petersilie, 1 Zitrone

Die Putenflügel sauber putzen, in etwas Wasser mit Salz und Pfefferkörnern weich dämpfen und auf einem Abtropfgitter abkühlen. Die frischen Champignons ganz fein hacken und mit Paniermehl vermischen. Nun die ausgekühlten Flügel leicht salzen und mit Senf bestreichen.

Dann im Paniermehl-Champignon-Gemisch wenden. Das Gemisch schön fest andrücken, die panierten Putenflügel mit Butter beträufeln und auf einem Blech in der heißen Röhre bei 180 Grad backen. Mehrfach vorsichtig wenden. Auf einer Platte anrichten und mit frischer Petersilie und Zitronenscheiben garniert servieren.

Getrüffelter Truthahn
Originalrezept nach W. Meinhardt, um 1920

1 junger Truthahn (ca. 2 kg, ausgenommen)
400 g Trüffeln (TK-Ware), 500 g Kalbfleisch (Hals),
500 g Schweinefleisch (etwas fett), 4 Eigelb, Pfeffer, Salz,
4 cl Madeira, 2 cl Cognac, 1 Putenleber (ca. 250 g),
50 g Butter, 150 g Speck, 1 l Geflügelbrühe, 50 g Mehl

Den Truthahn rupfen und ausnehmen. Den Kopf beim Hals abschneiden, den Hals bis zum Rückgrat herausnehmen und dann von Gurgel und Kropf befreien. Die Trüffeln reinigen oder wenn es gefrorene sind, diese im Kühlschrank auftauen lassen. Die Trüffeln teilen, die eine Hälfte ist für die Füllung und die andere Hälfte in grob geschnittenen Scheiben extra für das Truthahninnere. Die Trüffeln für die Füllung kleinschneiden und in eine Schüssel geben.

Königsberger Universität

Das Kalbfleisch und das Schweinefleisch durch die feine Scheibe eines Fleischwolfs drehen und 4 Eigelb daran geben. Dann noch einmal alles durch die feine Scheibe des Fleischwolfs drehen. Die Masse mit Pfeffer, Salz, Madeira und Cognac vermengen, mit den Händen vorsichtig durcharbeiten. Kein elektrisches Handrührgerät verwenden, da dieses selbst mit Knethaken die Trüffel zerstören würde!
Die Putenleber in Würfel schneiden, in Butter anschwenken, bis sie leicht gebräunt sind. Mit etwas Madeira ablöschen. Die Fleischwürfel ebenfalls unter die Füllmasse geben.
Bevor man den Truthahn füllt, vorsichtig die Haut um die Brust lösen und die in grobe Scheiben geschnittenen restlichen Trüffeln darunter schieben, die ganze Brust sollte bedeckt sein. Die Füllung nun in die Hals- und Kopfhaut geben, den Rest in das Innere des Truthahns. Dann den Truthahn zunähen und mit feinem Speck umhüllen und in der auf 200 Grad vorgeheizten Röhre in Butter in einem Bräter anbraten. Die Garzeit beträgt etwa 1 bis 1 1/2 Stunden. Je älter und je schwerer der Truthahn, um so länger ist die Garzeit in der Röhre. An den Keulen ist erkennbar, ob der Puter gar ist oder nicht! Läßt sich das Fleisch bis zum Kno-

chen durchdrücken, ist der Truthahn gar. In der ausgeschalteten Röhre zum Warmhalten lassen.
Den Bratenfond mit etwas Geflügelbrühe (aus den Flügeln gekocht) verkochen. Oder Geflügelbrühe aus Instantpulver für den Bratenfond nehmen. Den Fond mit einem Wasser-Mehl-Gemisch andicken, vorsichtig mit Salz und Pfeffer würzen. Alles noch einmal aufkochen. Die Soße durch ein Sieb gießen und extra servieren.

Im „Königsberger Blutgericht“ wurde der getrüffelte Truthahn immer mit Rotkraut und Salzkartoffeln serviert.
Die folgenden Rezepte sind wiederum originalgetreu vom Verfasser übernommen aus dem persönlichen Kochbuch Meinhardts, handgeschrieben um 1900.

Truthahn mit Maronenfüllung

2 kg Maronen werden gewaschen und kreuzweise eingeschnitten in einen Fritierkorb gegeben. Man lasse die Maronen 3 Minuten im siedenden Öl und gebe sie dann zum Abtropfen auf ein Gitter. Dann werden die Maronen geschält und in Fleischbrühe nochmals durchgekocht. Hier muß man aber aufpassen, daß die Maronen nicht zerfallen!
Aus einem Kilogramm mageren Schweinefleisch, welches man durch die feine Fleischwolfscheibe gedreht und nochmals durch ein Haarsieb gestrichen hat, bereitet man eine Füllung zu. Mit Salz und weißem Pfeffer, den Maronen und einer gebratenen Putenleber, welche man in kleine Würfel geschnitten hat, vollende man die Füllung, indem man alles vorsichtig durchknetet. Damit fülle man den Truthahn und umhülle ihn mit Speck. Truthahn mit Maronenfüllung wird dann wie der getrüffelte Truthahn weiterverarbeitet.
Herr Meinhardt empfiehlt hierzu Semmelknödel und Grünkohl.

Königsberg um 1915

In Königsberg wuchsen an verschiedenen Plätzen die Kastanienbäume mit den rötlichen Blüten, welche die eßbaren Kastanien bilden. Der Koch Meinhardt hat in seinen Aufzeichnungen diese Standorte festgehalten: Hochmeisterstraße, am neuen Pregelufer, Am faulen Graben, nahe der Schwimmanstalt (alter Pregelarm), unweit der Zellstoffabrik, gegenüber den Altstädtischen Wiesen.
Aus den Notizen des Kochs geht hervor, daß die Soldaten des Pionier-Bataillons Nr. 18 vom Kalthofer Übungsplatz ihm gern ganze Rucksäcke voller großer, brauner Kastanien (Maronen) ins Restaurant brachten und er immer wieder die nicht eßbaren aussortieren mußte.
Auch der Student Bernhard Friedrich sammelte, um sein Taschengeld aufzubessern, im Gebiet der Kneiphöfischen Wiesen die begehrten Herbstfrüchte.

Gedämpfter Puter nach Art vom Gutshof Beydritten bei Königsberg

Originaltext

Die Ofenröhre wird mit Ober- und Unterhitze auf 200 Grad vorgeheizt.
Einen gebundenen, gebutterten und gesalzenen Truthahn legt man mit kleingeschnittenem Wurzelwerk, Möhre, Sellerie und Porreelauch sowie einigen Speckscheiben in einen Gänsebräter.
Dann brate man den Truthahn von allen Seiten an. Er sollte rundherum eine schöne braune Farbe haben. Mit Fleischbrühe wird er untergossen und im Ofen gargedämpft.
Inzwischen richtet man die Garnitur her, die aus kleinen Perlzwiebeln, glasierten Kastanien, angebratenen Champignonköpfen und kleinen Fingermöhrchen besteht. (Die Fingermöhrchen sollte man kurz abbürsten und waschen sowie kurz im kochenden Salzwasser bißfest garen.) Die Garnitur richtet man dann auf dem Teller mit an.
Wenn der Truthahn gar ist, tranchiert man diesen in Portionen und verteilt diese auf ein Backblech, welches man in die ausgeschaltete Röhre stellt.
Den Bratenfond füllt man mit Fleischbrühe und etwas Rotwein auf, läßt alles gut durchkochen und bindet mit Stärkemehl, welches man in Wasser angerührt hat, ab. Die Soße gibt man durch ein Haarsieb und läßt diese noch einmal aufkochen.
Auf vorgewärmte Teller gibt man dann 2-3 Tranchen Putenfleisch, gibt etwas Soße darüber und die Garnitur an den Tellerrand.
Dazu empfiehlt Koch Meinhardt Knödel oder Spätzle.

Tip:

Meinhardt schwor darauf, Bratensoße mit Stärkemehl zu binden, denn dadurch wurde die Bratensoße schön glänzend. In seinen Aufzeichnungen ist immer wieder zu lesen, daß er Weizenmehl als Bindemittel ablehne.

Gefüllte Putenflügel nach Meinhardts Art, Königsberg um 1920

Originaltext

Eine Anzahl großer Flügel werden sauber geputzt und ausgebeint, ohne die Haut zu verletzen. Ferner bereitet man eine zarte Füllung aus mehrmals durchgedrehtem (feine Wolfscheibe!) Kalbfleisch zu. In diese Masse gibt man kleinwürflig geschnittene Trüffeln oder auch Steinpilze. Dann würzt man die Masse mit Salz und Pfeffer sowie etwas zerdrückten Knoblauchzehen.
Die Masse füllt man vorsichtig in die ausgebeinten Flügel und näht diese an den Enden zu. Diese gefüllten Flügel bestreut man mit Salz und bratet sie in Butter schön braun, dann gibt man diese in eine Kasserolle und dämpft sie.
Dazu werden einige Stückchen Speck und 2 Tomaten gegeben, mit etwas Fleischbrühe wird aufgegossen. Die Flügel werden ausgehoben und in der Herdbackröhre heiß gestellt. Den Fond verkocht man mit einem Glas guten Rotwein und etwas Bratensoße.
Dann gieße man alles durch ein Tuch oder Sieb, lasse es nochmals gut einkochen und entfette die Soße.
Die Flügel richtet man im Reisrand an und gebe einen kleinen Teil der Soße darüber. Den Hauptteil der Soße serviert man gesondert.

Tip:

Der erfahrene Koch hat immer etwas Bratensoße vorrätig, aber beim heutigen Stand der Küchen-Halbfabrikate ist etwas Bratensoße auch schnell aus Instantpulver hergestellt.

Das oben beschriebene Rezept fand sich auch in den Aufzeichnungen der Mariechen Teichgräber aus Waldheim, Obermarkt 27. Sie hatte dieses Rezept von einem Koch aus dem Hotel Bismarck in Königsberg bekommen.

Rezepte der Familie Lube aus Königsberg

Friedrich G. Hermann Lube um 1850

Ein Echo auf meine Anzeige im „Ostpreußenblatt“ erreichte mich auch aus Dresden. Otto Lube trug mit umfangreichem historischem Bildmaterial zu Ostpreußen in hohem Maße zur Gestaltung dieses Buches bei. Darüber hinaus entstand dieser Beitrag mit Rezepten der Familie Lube selbst, die seit dem späten 18. Jahrhundert in Ostpreußen, vorwiegend in Königsberg lebte.

Die Familie Lube kann stolz auf eine lange Ahnenreihe blicken. Im Laufe der Jahrzehnte veränderte sich das Lebensumfeld der Familie. Siedelten sie sich zunächst in der Berliner Gegend an, zogen sie später weiter Richtung Ostpreußen und Schlesien. Ein kurzer Einblick in die Familiengeschichte der Lubes zeigt diese „Wanderschaft“, die diese Familie wie viele andere auch im 18.Jahrhundert nach Osten führte.

Auszug aus dem Taufregister

der evangelischen Pfarrkirche ___—___ in ___Deutsch Wilten___

Jahrgang ___1824___ Seite ___—___ Nr. ___10. 8___

Täufling:	Zu- und Vornamen: Rosengarth, Ernestine, Wilhelmine, Caroline geboren am 19. März 1824 zu Gresmark getauft am 4. April 1824
Eltern:	**Vater** Vor- und Zunamen: Michael Rosengarth Stand: Gutsbesitzer Wohnort: Gresmark Bekenntnis: — **Mutter** Geburts- und Vornamen: Trosien, Elisabeth Bekenntnis: —
Sonstige für die Abstammung wichtige Angaben:	Angabe über den Erzeuger eines unehelichen Kindes, Paten, die als Verwandte des Täuflings erkennbar sind, usw. Taufzeugen: Charlotte Rosengarth, Talskeim Herrn v. d. Trenck – Fräulein Ottilie v. Räuther Frau Hauptmann v. Räuther auf Sporwitten

Deutsch Wilten, den 1. März 1937

Kirchensiegel Dt. Wilten

Unterschrift: i/V. Schinkewitz

Gebühr 0,60 RM
~~Gebührenfrei~~
(Nichtzutreffendes ist zu durchstreichen.)

1. Druck Albert Mewes Nachf. Rügenwalde

Auszug aus dem Taufregister
der Gemeinde Deutsch Wilten

Karl und Elise Lube, um 1890

Der Leineweber Gottfried Lube und seine Frau Ursula, geborene Klips, aus Oderberg, wurden am 8. September 1687 Berliner Bürger mit allen Rechten. Georg Heinrich Lube war Zeugweber und Fabrikant ebenfalls in Berlin (1693-1773).
Georg Wilhelm Lube, ein Zeugfabrikant und Kaufmann, heiratete 1758 die Tochter des königlichen Hofmaurermeisters Ch. August Naumann.
1837 stirbt in Königsberg in Preußen der Stadtkämmerer von Königsberg Carl Georg Lube.
Friedrich G. Hermann Lube (1820-1872) ging als Pächter der Domäne Gauleden in Ostpreußen in die Familiengeschichte ein. Er heiratete am 2. Oktober 1844 in Deutsch Wilten/ Ostpreußen die 20jährige Wilhelmine Ernestine Caroline Rosengarth. Wilhelmine, Tochter des Gutsbesitzers Michael Rosengarth in Grasmark/ Ostpreußen, legte den Grundstein für das Sammeln von Kochrezepten.

Margarete Lube, eine Nichte
der Wilhelmine Lube.
Das Foto stammt aus dem bekannten
Atelier für Photographie Julius Mey, Königsberg

Wilhemine Ernestine Caroline Lube, geborene
Rosengarth (1824-1907)

Die grüne Suppe nach einem alten Familienrezept

Originaltext

2 Liter Wasser setzt man mit einem Suppenteller voll klein geschnittenen Suppenwurzeln und einer großen Stange Porree zu Feuer.
Das alles kocht man eine gute Stunde und entfernt dann die Suppenwurzeln, die man fein wiegt und mit drei Eßlöffel voll gehacktem Spinat, etwas gewiegtem Sauerampfer, Schnittlauch, Kerbel und jungem Kopfsalat mischt und in die Brühe zurückgibt.
Dann rühre man drei Eßlöffel Stärkemehl in etwas kaltem Wasser an und binde damit die leicht köchelnde Suppe.
Abschmecken sollte man die grüne Suppe mit Pfeffer und Muskat! Man rühre Eigelb in Milch und legiere damit die Suppe.
Kleine geröstete Brotwürfel gibt man in eine Suppenschüssel und gieße die heiße Suppe darüber. Zuletzt gibt man an die Suppe zwecks Verfeinerung etwas Butter.

Dillgurken einlegen

Das Originalblatt der nachstehenden Rezeptur befindet sich im Privatbesitz von Otto Lube. Das Rezept entstand um 1900, es ist eines von vielen überlieferten Familienrezepten.

Die Gurken müssen 24 Stunden wässern, dann an beiden Enden mit der Gabel gestochen werden (4 Stiche an einer Gurke). Man kocht Wasser auf mit Salz. Man nehme auf einen Liter Wasser 50 g Salz.
Die Gurken werden schichtweise mit Dill, Weinblättern und Sauerkirschblättern dazwischen in einen Steintopf gelegt. Dann gieße man das erkaltete Salzwasser darüber.
Nach erfolgter Gärung (8-10 Tage später) werden die Gurken mit Tellern und diese mit Steinen beschwert und dann das Faß zugebunden.
Ein Gurkenfaß muß gänzlich zugebunden werden, denn dann hält es sich sehr lange!
Wenn sich die Gurken in Töpfen nicht lange halten sollten, streut man etwas Salizilpulver darauf.

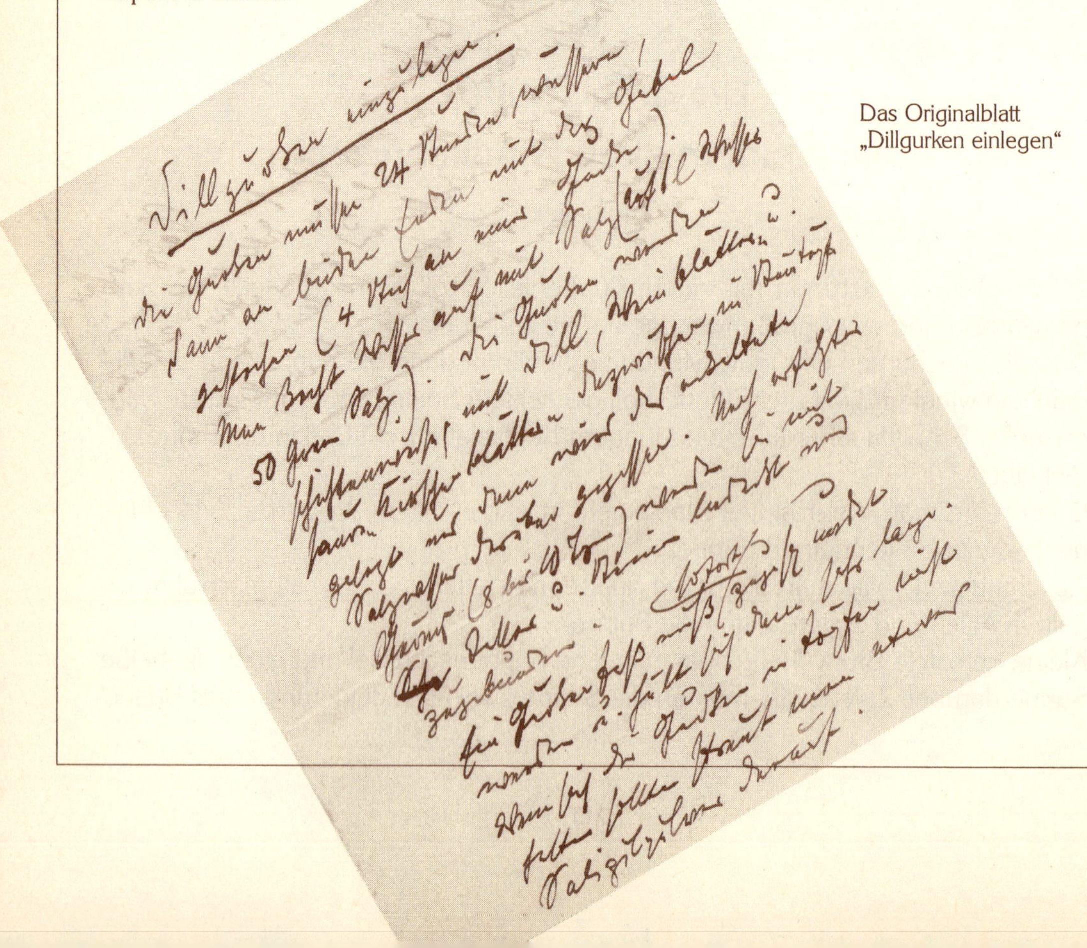

Das Originalblatt
„Dillgurken einlegen"

Die Familie Gustav Emil Lube

Ostpreußische Leber- und Blutwurst

Originaltext

Man kauft einen Schweinskopf von etwa 10 Pfund, dazu 5 Pfund fettes Fleisch vom Schweinebauch, 2 Schweinezungen, 1 Herz und eine Lunge.
Zur Leberwurst hackt man 3 Pfund Schweineleber so fein, daß sich diese mühelos durch ein Haarsieb streichen läßt. Dann begieße man die Leber mit 1/2 l kochendem Fett und thut, nachdem dieses gut durchgerührt, das fette Fleisch in Würfel geschnitten, das restliche Fleisch nebst Zutaten dazu.
Für 10 Pfennig geriebene Semmel (in Wasser einweichen) mit 6-8 mittelgroßen feingehackten Zwiebeln, etwas kochende Fleischbrühe dazu und gut verrühren.
Folgende Gewürze gebe man hinzu: Salz, Zucker, Nelken, schwarzer Pfeffer, Thymian, Majoran. Nachdem alles kräftig vermischt ist und hierzu soll man seine

Hände gebrauchen, füllt man den Darm bis zur reichlichen Hälfte und binde diesen gut und fest zu. Dann lasse man die Wurst eine gute Stunde auf leichtem Feuer brühen.
Zur Blutwurst nehme man nur mageres Fleisch. Das Blut mit etwas Fleischbrühe verdünnt und mit den Gewürzen vermischt, welche man zur Leberwurst auch verwendet.

27. August, 1834 gezeichnet Lube

Apfelschaum

Zu 6 großen schönen Äpfeln nimmt man 1/2 Pfd. Zucker, 12 Blättchen Gelatine (rot oder weiß) den Saft von einer Zitrone und ein paar Spritzer Rum.
Die Äpfel schält man, setzt sie mit etwas Zitronenschale und ein wenig Wasser auf's Feuer, kocht sie weich und streicht sie durch ein Haarsieb in eine tiefe Schüssel. Man fügt Zucker hinzu, den Saft der Zitrone und in warmem Wasser gelöste Gelatine hinzu, schlägt dies, nachdem es lauwarm geworden ist, mit einem Schlagbesen, bis der Apfelschaum locker und leicht geworden ist.
Am Ende gebe man vorsichtig etwas Rum darunter und fülle den Apfelschaum in eine Porzellanschüssel und stelle diese für mehrere Stunden in den Kühlschrank, wo der Apfelschaum erstarrt.
Man kann auch eine Vanillecreme oder festgeschlagene Schlagsahne dazugeben.

Vanillesoße zum Apfelschaum

Einen viertel Liter Milch verkocht man mit etwas Zucker und dem Mark einer Vanilleschote. Die Vanilleschote schneide man längs auf und kratze das Mark aus der Schote. Man kann auch Vanillezucker nehmen, allerdings ist das Aroma dann nicht so, wie bei Verwendung von einer Vanilleschote.
In die kochende Milch rühre man einen Teelöffel Kartoffelmehl ein und lasse alles aufkochen. Etwas zerriebene bittere Mandel erhöht den feinen Geschmack. Nachdem die Milch etwas abgekühlt ist und durch ein Sieb gegossen wurde, gebe man 2 zerquirlte Eigelb dazu.
Die Vanillesoße wird zum Erkalten beiseite gestellt und vor dem Servieren gut durchgeschlagen.

Apfelschaum.

Zu 6 grossen, schönen Aepfeln nimmt man ½ Pfd Zucker, 12 Blättchen Gelatine, (rot oder weiss) den Saft von 1 Citrone und etwas Rum.

Die Aepfel schält man, setzt sie mit etwas Citronenschale und ein wenig Wasser auf's Feuer, kocht sie weich und streicht sie durch ein Sieb in eine tiefe Schüssel. Man fügt den Zucker, den Saft der Citrone und die in warm Wasser gelöste Gelatine hinzu, schlägt dies, nachdem es lauwarm geworden ist, mit einer Schneerute, bis es sehr locker und dick geworden ist, mischt zuletzt etwas Rum darunter, füllt den Apfelschaum in eine Schüssel und lässt ihn an einem kalten Ort erstarren. Eine Vanillesauce oder Schlagsahne dazu.

Königsberger Marzipan

1 Pfund süße Mandeln wird fein gerieben, dann mit einem Pfund Puderzucker vermengt und mit 4 Eßlöffel Rosenwasser beträufelt.
Diese Masse knetet man dann so lange, bis diese sich rollen läßt. Mit einer runden Ausstechform werden runde, zwei Messerrücken dicke Platten ausgestochen. Die Oberfläche wird mit zerquirltem Eigelb bestrichen. Auf diese Platten legt man die Marzipanwalzen, welche man ebenfalls aus der Masse geformt hat.
Mit einer Gabel oder einer Nadel kann man schöne phantasievolle Ornamente auf die weiche Marzipanmasse aufbringen. An einem kalten Ort lasse man dann alles schön ruhen und kann es nach ein oder zwei Tagen verzehren.

In einer Randbemerkung wird darauf hingewiesen, daß Rosenwasser aus Bulgarien das Beste sei.

Eine andere Ansicht vom Schloßteich. Ansichtskarte von 1900.

Königsberg, um 1930

Sandkuchen nach Familie Lube

Nach diesem Rezept wird der Sandkuchen schon immer bei Lubes gebacken.

1 Pfund Zucker, 1 Pfund Butter,
1 Pfund Kartoffelmehl, 6 Eier, 1 EL Rum,
1/2 Pfund Schlagsahne

Zunächst die Butter zu Schaum rühren, dann löffelweise Mehl und Zucker darunter geben sowie den Rum und das Eigelb. Diese Masse eine gute Stunde rühren oder heute 5 Minuten mit dem elektrischen Handrührgerät.
Danach die steifgeschlagene Schlagsahne darunter geben. In eine gut ausgebutterte und mit Semmelbrösel ausgestreute Kastenform füllen und bei gut 200 Grad Ober- und Unterhitze eine gute Stunde backen. Mit reichlich Puderzucker bestreut servieren.

Königsberger Klopse
nach Art der Familie Lube um 1840

Originaltext

Auf 3/4 Pfund Schweinefleisch und 1/4 Pfund Rindfleisch nehme man 125 g Reibebrot, letzteres wird in Wasser eingeweicht. Eine geriebene Zwiebel, 4 gekochte, zerquetschte Kartoffeln und 2 Eier, wobei man das Eiklar trennt und fest schlägt. Das Eigelb heben wir auf!
Dann gibt man noch Salz und Pfeffer hinzu und knetet alles zu einem geschmeidigen Brei. Man forme Klopse und lasse sie in nachfolgender Brühe garziehen.
Zur Soße setze man Fleischknochen an und gebe zu diesen reichlich Gewürz und Zwiebel. Die Brühe lasse man etwa eine gute Stunde köcheln.
Dann gebe man die Klopse hinein und ziehe diese eine viertel Stunde gar. Die Klopse fischt man aus der Brühe und stelle sie warm!
Etwas Mehl wird in saurer Sahne angerührt und in die siedende Brühe gerührt. Zur Verfeinerung wird ein kleines Stück Butter, gehackte Kapern und etwas Zitronensaft dazu gegeben. Zuletzt wird das Eigelb in die nicht mehr kochende Soße gegeben.

Königsberger Klopse
nach Familienrezept der Lubes – moderne Fassung

500 g Schweinefleisch, 500 g Rindfleisch,
2 altbackene Brötchen, 1 Zwiebel, 1 Ei,
Salz nach Geschmack, 1 EL geriebenen Käse (nach Belieben)

Tunke:
2 EL Fett, 2 EL Mehl, 1/2 l Klopsbrühe,
etwas Zitronensaft, 1 Eigelb zum Legieren, 1 EL Kapern

Aus den angegebenen Zutaten eine Fleischmasse bereiten. Klopse formen und in kochendem Salzwasser gar werden lassen. Eine helle Mehlschwitze herstellen, pikant abschmecken und beim Anrichten die Klopse in diese Tunke geben.

Schmandschinken zum Frühstück

Saure Sahne koche man mit etwas Kartoffelmehl auf und gebe ein großes Stück Butter hinein, streue eine Prise Salz darauf und gebe in den warmen Fladen angebratene Schinkenwürfel.

Für den Leser aktualisiert:
150 g saure Sahne, 25 g Kartoffelmehl,
50 g Butter, 50 g Kochschinken,
1 Prise Salz, Öl zum Braten

Die saure Sahne und das Kartoffelmehl in eine Schüssel geben und zu einem Brei vermischen. Dazu die Butter und das Salz geben.
In einem Topf diese Masse erhitzen. Mit einem Holzlöffel ab und zu umrühren, um zu verhindern, daß die Masse am Boden anhaftet. Wenn sich der Teig zu einer Kugel geformt hat, ist das Ziel des „Abbrennen" erreicht.
Schinken würfeln und mit etwas Öl in einer Pfanne gut ausbraten.
Auf ein mit Backpapier ausgelegtes Backblech die Teigfladen legen. In die Mitte der Fladen den Schinken geben, auch das flüssige Bratfett auf die Fladen verteilen. Jetzt alles bei ca. 100 Grad Ober- und Unterhitze etwa 15 Minuten erwärmen.

Das Kochbuch, nun seit über 175 Jahren im Familienbesitz der Lubes, wurde von Emma Kubiessa „übersetzt". Sie ist 1921 in Wolla/ Ostpreußen geboren und 1945 vor der anrückenden Sowjetarmee geflohen. Heute wohnt sie in Thüringen.

Küchenmeister Karl-Eduard Frick (1893-1944)

Karl-Eduard Frick (mit der Kaffeekanne in der Hand) und seine Berufsschulkollegen im Garten beim sonntäglichen Plausch. Der kleine Garten befand sich an der Sackheimer Bürgerwiese. (Aufnahme um 1935)

Auf meinen im Frühjahr 1999 im „Ostpreußenblatt" erschienenen Artikel schrieb mir ein Herr Wenig aus Leipzig. Er lud mich nach Leipzig ein, um mir einige Dokumente und Unterlagen zu zeigen. Seine Frau Edith, 1931 in Königsberg geboren, hatte einen in der Kochkunst bewanderten Großvater.

Küchenmeister Karl-Eduard Frick war in Königsberg an einer Berufsschule tätig, wo er zukünftige Köche ausbildete. Er starb durch eine englische Fliegerbombe, als er für seine Familie 1944 auf Hamsterfahrt in der Königsberger Umgebung war. Frau Frick suchte ihren Mann lange. Sie fand schließlich seine sterblichen Überreste in der Nähe vom Mühlenhof, etwa einen Kilometer vom Viehmarkt entfernt, wo die Fricks in einer kleinen Dachwohnung mit ihren drei Kindern wohnten.

Vorbei waren die gemeinsamen Spaziergänge an den nahen alten Pregelarm und die lustigen Kaffeenachmittage im Garten der Familie, wo Karl-Eduard Frick oft mit seinen Berufskollegen am Sonntagnachmittag saß. Niemand konnte mehr die dröhnende Stimme des „Schulmeisters“ hören, der für seine laute und kräftige Aussprache stadtbekannt war.

Edith Wenig schilderte ihren Großvater, einen beliebten Lehrer und Küchenmeister, als strengen, aber sehr gerechten Mann. Lehrlingen, deren Eltern nicht viel Geld hatten, schenkte er Kochmesser für gut ausgefallene Abschlußarbeiten. Mit seinen Schülern fuhr er sogar oft zu Kochausscheiden und Kochausstellungen im gesamten deutschen Reich.

Der Küchenmeister war nicht nur Mitglied der Köche-Gaumannschaft Ostpreußen, mit Sitz in Königsberg, sondern arbeitete sehr aktiv im Verband des Deutschen Reichsnährstandes und im Deutschen Kochverband. Edith Wenig erzählte mit solcher Lebendigkeit, daß vor den Augen und Ohren der Zuhörer der Berufsschulalltag an der gewerblichen Schule der Stadt Königsberg, die sich nicht weit vom Steindamm befand, ganz plastisch wurde.

Ein Steckenpferd des Lehrers Frick, der sein absolutes Vorbild im großen Escoffier sah, waren die technischen und fremdsprachlichen Ausdrücke in der Küche. Denn wer weiß heute noch, was „Escalopieren“ (in kleine Schnitzel schneiden) heißt oder daß eine Bol-Form eine englische Puddingform ist.

Die ostpreußische Familie

Lewe Landslied,

„Eete on Drinke hölt Liew on Seele tosoame!“ Das alte Sprichwort gilt noch immer und braucht sich – in unserm guten alten Platt geschrieben – durch keine Rechtschreibreform mißhandeln zu lassen. Und um „Eete on Drinke“ geht es auch heute bei unserm ersten Wunsch. Küchenmeister Harald Saul aus Gera ist bekannt für seine historischen Kulinarien: Kochbücher aus einer bestimmten Region mit Rezepten, Anekdoten und Geschichten aus der heimischen Küche wie „Das Ostersteinkochbuch“, in dem er über die reußische Hofküche plaudert. In seinem Archiv hat der Küchenmeister 8000 Rezepte zusammengetragen, auch ostpreußische, denn sein Schwiegervater Horst Ehlert stammt aus dem Kreis Schloßberg/Pillkallen. Und dazu sammelte er Aufzeichnungen und Fotos, soweit es ihm möglich war, denn in der damaligen DDR war ja Ostpreußen ein Tabuthema.

Nun möchte Harald Saul seine Kochbuchreihe um einen Ostpreußenband erweitern und bittet daher um uralte Familienrezepte, Fotos und erlebte oder überlieferte Geschichten über „Eete on Drinke“. Daß es da köstliche Anekdoten gibt, weiß ich aus vielen Zuschriften an unsere Familie, und einige habe ich ja in unsern „Familienbüchern“ festgehalten. Aber es werden sich wohl noch viel mehr kulinarische Erinnerungen finden lassen und Familienrezepte, die kaum bekannt sind. Wer Herrn Saul in seinem Vorhaben unterstützten will, schreibe ihm. Aber bitte keine bekannten Kochbücher zusenden wie das „Doennigsche“, Standardwerk der ostpreußischen Küche bis heute, oder „Von Beetenbartsch bis Schmandschinken“, es müssen eben ganz persönliche Aufzeichnungen sein. (Küchenmeister Harald Saul, Thränitzer Straße 6 in 07546 Gera-Pforten.)

Die 7. Internationale Kochkunst-Ausstellung in Frankfurt am Main (9.-20.10. 1937)

Auf dieser Ausstellung stand die Großküchentechnik besonders im Blickpunkt und das Zusammenspiel von Koch und Großküchentechnik, aber auch die Ernährungswissenschaft und Verbrauchslenkung. Riesige Schauvitrinen zeigten Geräte für den Hotel- und Gaststättenbedarf. In der Halle 6 war die Gaumannschaft Ostpreußen untergebracht. Acht Kochmannschaften kochten um die Wette. Sämtliche Küchen waren mit Verkostungsräumen versehen. Schön gedeckte Tische und festlich geschmückte Tafeln luden zur Verkostung. Eine große Küchenplatten- und Fleischerschau wurde präsentiert. Man konnte sich außerdem einen Überblick über die moderne Krankenhauskost verschaffen und die moderne Fischküche bestaunen.

9.-20. Oktober
1937
Jka
7. JNTERNATIONALE
KOCHKUNST-AUSSTELLUNG
FRANKFURT A/M.
FESTHALLENGELÄNDE

Rezepte für Ostpreußische Gerichte, die am Stand der Gaumannschaft Ostpreußen bei der Kochausstellung zubereitet wurden

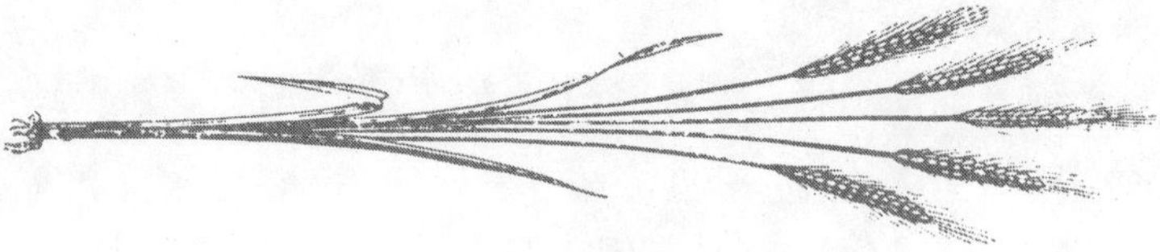

Kurzbeschreibungen der Speisen

Ostpreußisches Bauernfrühstück:

besteht aus Bratkartoffeln, Eiern und Speck, in Omelettform angerichtet.

Butterfische:

Aal, Hechte, Zander, Barsche werden mit viel Gemüse gekocht und die Brühe wird mit süßer Sahne und Mehl gebunden. Vor dem Anrichten wird die Suppe mit reichlich frischer Butter abgeschmeckt.

Wildschweinkeule mit Johannisbeergelee:

Die Keule wird in passende Stücke geschnitten, in der Röhre mit Wacholderbeeren gebraten und in einer Sahnesoße gereicht.
Vor dem Anrichten garniert man den Braten mit Johannisbeergelee auf Apfelsinenscheiben.

Königsberger Klopse:

Gewolftes Schweine- und Rindfleisch wird mit Salz und Pfeffer sowie Ei geknetet, zu runden Klößen geformt. In einem Fond aus Salz-Essig-Wasser werden diese dann abgekocht. Die Brühe wird mit Mehl und saurer Sahne gebunden und mit Ei und frischer Butter legiert.
Vor dem Anrichten gibt man Kapern in die Tunke.

Kaulbarschsuppe:

Kaulbarsche werden wie Fleischbrühe, mit Petersilie und Selleriewurzel, angesetzt, danach wird die Brühe passiert und wie jede andere legierte Suppe behandelt. Das Fleisch der Kaulbarsche nimmt man als Einlage.

Ostseedorschfilet in Weißwein:

Die Fischfilets werden in Scheiben geschnitten, mariniert in der Herdröhre mit etwas Weißwein gegart und mit Weißweintunke gereicht.

Eine besonders begehrte Köstlichkeit auf der Kochausstellung waren die Heilsberger Kartoffelkeilchen. An jedem Tag der Ausstellung wurden sie zu Tausenden verkauft. Ständig hing der Duft von frisch gebratenen Kartoffelkeilchen über dem Stand der Ostpreußischen Mannschaft.

Heilsberger Kartoffelkeilchen mit Speck und Zwiebeln:

Je zur Hälfte rohe und gekochte Kartoffeln werden gerieben und zu einem festen Teig geknetet. Dann forme man diese zu kleinen, flachen Klößchen und lasse sie im Salzwasser gar ziehen. Man reicht dazu gebratenen kleingeschnittenen Räucherspeck und scharf geröstete Zwiebelscheiben.

Schweinesauerbraten mit Röstkartoffeln:

Frischer Schweinebraten wird in bratfertige Stücke geschnitten und 3 Tage in Essig mariniert. Die Stücke brät man in einem Bräter, welchen man in die vorgeheizte Röhre gibt. Man sollte sparsam angießen und nach einer guten Stunde den Braten herausnehmen und warm stellen.
Den entstandenen Bratenfond vollende man mit reichlich Sultaninen und binde mit etwas frischer Butter. Hierzu reiche man gut gewürzte Röstkartoffeln.

Rinderflecken nach Ostpreußen-Art:

Gesäuberte, in Würfel geschnittene Rindermagen werden mehrmals gewaschen und überbrüht, mit viel, in kleine Würfel geschnittenem Wurzelwerk angesetzt. Langsam weich ziehen lassen, mit Salz und weißem Pfeffer abschmecken und mit einer Prise geriebenem Majoran im Suppenteller anrichten.

Rote Rübensuppe nach Ostpreußen-Art:

Die roten Rüben werden gereinigt, weich gekocht, abgezogen und gerieben. (Man kann sie auch durch die feine Scheibe des Fleischwolfs geben.) Dann mit einer Fleischbrühe auffüllen und alles mit saurer Sahne und Weizenmehl binden. Gewürfeltes Rindfleisch dient als Einlage.

Masurischer Pflückhecht:

Der Hecht wird entgrätet, in nicht zu große Stücke geschnitten, schichtweise mit Sauerkraut und saurer Sahne in einem geschlossenen Topf gar ziehen lassen. Man gebe dazu Kartoffelbrei.

Kasselerbauch mit Kartoffelbrei und Weinkraut:

Gespritztes und geräuchertes Bauchstück wird gerollt, gebraten oder gekocht und mit Kartoffelbrei und Weinkraut (Sauerkraut) gereicht.

Gedämpfte Schweinskarbonade:

In Scheiben geschnittener Schweinerücken wird gedämpft und mit weißer Zwiebeltunke gereicht.

Elchkeule in Sahne mit gemischten Früchten:

Die Elchkeule wird in passende Stücke geschnitten, 3 Tage in Buttermilch gelegt, mit Speck gespickt, im Ofen schön knusprig gebraten.
Nach ein bis zwei Stunden ist die Elchkeule gut und wird warm gestellt. Aus dem Bratfond stellt man mit Schlagsahne und Weizenmehl eine sämige Soße her.
Hierzu gibt man warme Früchte. Kirschen, Apfelspalten sowie Spalten von Birnen koche man kurz in Zuckerwasser auf.

„Elchkeule in Sahne" wurde ebenfalls besonders oft verlangt und zubereitet. Man verwendete hierzu eingekochtes Obst, welches extra für die Frankfurter Kochkunstausstellung im Sommer 1937 eingekocht wurde. Edith Wenig zeigte mir ein Glas dieser Früchte, das sie aufbewahrt hatte. Staunend betrachtete ich das Glas eingemachtes Obst, das schon eine so weite Reise hinter sich hatte.

Oft unternahm Lehrer Frick Schulausflüge mit seinen Schülern in die Umgebung von Königsberg, das Gebiet um den Fuchsberg oder die Caporner Heide.
Im Foto ein Schulausflug über das Frische Haff im Sommer 1930.

Edith Wenig erzählte vom Umzug der Familie Frick im Dezember 1944. Die nunmehr verwitwete Frau des Lehrers Frick nahm das Angebot einer alten Großtante aus Leipzig an, deren Mann am selben Tag nach langer Krankheit gestorben war, als Karl-Eduard Frick von der englischen Fliegerbombe getroffen wurde.
Für die drei Töchter, die damals 17, 19 und 21 Jahre zählten, war es nicht einfach aus der Heimat wegzugehen. Besonders schwer fiel die Trennung von ihrer ältesten Schwester, die schon selbst zwei Kinder hatte und in Königsberg blieb. Die junge Familie zog in die Wohnung der Mutter. Den Eltern von Edith Wenig gelang es, noch vor der großen Fluchtbewegung 1945 nach Leipzig zu kommen. Viele Erinnerungen an die Großeltern leben weiter, Fotoalben und wertvolle Fach- und Lehrbücher werden auch an die Enkel übergehen.

Die praktische Prüfung der Kochlehrlinge im Restaurant Zoologischer Garten in Berlin am 27. September 1933

(aus den Unterlagen des Küchenmeisters Frick
für den Berufspraktischen Unterricht für angehende Köche)

Küchenmeister Frick wurde oft zu Prüfungen in Berlin und Dresden eingesetzt. Seine Aufzeichnungen, die seine Enkelin bewahrte, enthielten auch eine zusammenfassende Darstellung zum Ablauf solch einer Prüfung.
Anläßlich des 25jährigen Jubiläums des Prüfungs- und Bildungsausschußes für das Gastgewerbe der Stadtgemeinde Berlin hatte man neue Kochtöpfe gekauft und war sehr stolz auf die neue Kupferbatterie (eine festgelegte Anzahl von Kupfertöpfen und Pfannen).
44 Kochlehrlinge sollten diesmal geprüft werden. Gespeist wurde an runden Tischen zu 10-12 Personen. Serviert wurde von 24 Kellnerlehrlingen, die auch an diesem Tag ihre Abschlußprüfung ablegten.
Die Prüflinge fanden sich morgens in der Prüfungsküche ein, wo jeder Kochlehrling seine Aufgabe erhielt. Um über die Prüfungsaufgaben Klarheit zu erhalten, war der in der Küche ausgehängte (auf der nächsten Seite abgedruckte) Arbeitsplan zu studieren. Dieser Plan enthielt 15 verschiedene Prüfungsmenüs. An jedem Menü arbeiteten drei Kochlehrlinge.
Jeder Kochlehrling mußte zunächst für sein Menü das benötigte Material berechnen und seinen Bedarf der Prüfungskommission schriftlich überreichen.
Die von der Prüfungskommission schon vorher ermittelten Lebensmittelmengen befanden sich bereits an den Arbeitsplätzen. Während der Arbeit standen je drei Prüflinge unter der Aufsicht eines ihnen bestimmten Prüfungsmeisters.
Für 19 Uhr waren die Servicearbeiten angesetzt, die Kellnerprüflinge hatten am Tage schon die runden Tische im Gartensaal des Zoorestaurants für je 10 Personen eingedeckt. In den Nachmittagsstunden wurden die Kellnerprüflinge vom Prüfungsleiter Herrn Koch, einem persönlichen Freund des von Karl-Eduard Frick, in service-technischen Dingen abgefragt.
Als die Servicezeit herangekommen war, bat man die Gäste zu Tisch, ein Klingelzeichen ertönte. Der Service begann, an allen Tischen wurde gleichzeitig serviert, abserviert und der immer nachfolgende Gang gereicht.

Speisenfolge	Tisch Nr.	Kochlehrling Nr.	7 Uhr für 10 Personen	Kochlehrling Nr.	7,20 Uhr für 10 Personen	Kochlehrling Nr.	7,40 Uhr für 10 Personen	Kochlehrling Nr.	8 Uhr für 10 Personen	Kochlehrling Nr.	8,20 Uhr für 10 Personen
1	1	1	Krebsschwänze und Muscheln in Dill, im Reisrand	3	Hühnercrèmesuppe	3	Seezungenschnitten nach Florenzer Art	2	Rehrücken nach Carmen	1	Birnen nach der schönen Helene
2	3	4	Tomatensuppe	6	Seezungenröllchen auf Artischockenböden und Krebsschwänzen	5	Damwildrücken nach Jäger-Art (Champignons, Steinpilze, Kroketten)	4	Haselnuß-Eis-Auflauf mit feinem Gebäck	6	Käsestangen
3	5	7	Timbale von Krebsschwänzen	9	Kalbskopfsuppe	9	Schleie blau, mit Schaumbutter und Schwenkkartoffeln	8	Junge Rebhühner nach Straßburger Art	7	Pfirsich Melba
4	7	13	Kalte Forelle Rothschild	14	Hühnerkraftbrühe mit Eierstich	12	Kalbsmilch in Weißwein mit feinem Ragout und Risotto	14	Gedämpfte Rinderspitze auf moderne Art	12	Apfelkrapfen mit Aprikosensauce
5	9	22	Kalter Rheinlachs mit Krebsschwänzen, gefüllten Tomaten und Kräutersauce	21	Ochsenschwanzsuppe	23	Brüsseler Poularde Mascotte	21	Auflaufkrapfen mit Weinschaum	23	Käsegebäck
6	11	15	Schwedische Vorspeisen	10	Kraftbrühe mit Markklößchen	11	Rotzungenschnitte Orly	10	Junge Hamburger Gans, Rotkohl, gefüllte Aepfel, Kartoffelbrei	11	Karamelcrème
7	13	30	Hühnerbrüstchen Jeannette	29	Schotensuppe Rigoletto	30	Zanderschnitte nach Hausfrauen-Art	29	Gespicktes Rinderfilet, Madeirasauce mit Gemüsen umlegt, Massenettkartoffeln	31	Bombe Marie Luise
8	15	44	Mayonnaise von Rheinlachs	17	Windsorsuppe (braun)	36	Omelett mit Hühnerlebern und Champignons	17	Kalbsrücken Orloff, Junge Erbsen, Annakartoffeln	36	Ananas „Georgette“
9	17	27	Krebssuppe	28	Kalbszungenragout nach Toulouser Art	27	Junge Hamburger Ente, Leberkartoffeln, Salat Lorette	31	Bombe Nelusko mit feinem Gebäck	28	Schweizer Käsetörtchen
10	19	24	Artischockencrèmesuppe	25	Steinbuttschnitten, geröstet, Colbert-Sauce	26	Lammrücken nach Husaren-Art	24	Malta-Reisspeise	25	Käsegebäck
11	21	19	Erbsensuppe mit Schweinsohr	18	Aal in Gelee, Kräutersauce, Bratkartoffeln	20	Rehkeule in Sahnensauce, Rotkohl, Kartoffelbrei überbacken	19	Ananaskrapfen	18	Englischer Sellerie mit Roquefort gefüllt
12	23	34	Linsensuppe mit Frankfurter Wurst	33	Aal grün, Gurkensalat, Schwenkkartoffeln	32	Böhmischer Fasan, Leberkrusteln, Ananaskraut	34	Kaiserschmarren	33	Käsewürzbissen (Welsh-Rarebit)
13	25	37	Kraftbrühe mit Eierkuchen	16	Heilbutte, überbacken	35	Hammelkeule geschmort, Bretagner Art	37	Birnen nach Herzogin Art	16	Chester-Cakes
14	27	39	Schwedenplatte	40	Minestra	40	Zander nach Klosterherren-Art	38	Rebhuhn mit Sahnensauce, Sauerkraut, Kartoffelbrei	39	Palatschinken
15	29	43	Hühnercrèmesuppe	41	Kabeljau nach Lyoner Art, Schwenkkartoffeln	42	Rinderpökelzunge Trianon Champignonsauce	43	Aepfel nach Hausfrauen-Art	41	Käse-Auflauf

Dieser Arbeitsplan hing in der Prüfungsküche aus
(Originaldokument)

Es mundete an diesem Tag allen Gästen ausgezeichnet und den Prüfungsmeistern fiel ein Stein vom Herzen. Alle Koch- und Kellnerprüflinge bestanden ihre Prüfung. Karl-Eduard Frick erntete an diesem Tag viele wohlwollende Bemerkungen.

Diese Jubiläumsprüfung war auch für die Presse ein dankbares Thema. Im Fachmagazin „Die Küche“ (Zeitschrift für Kochkunst und Tafelwesen, Küchentechnik und -organisation) und im „Gastronomischen Beobachter“ konnte man genaue Details nachlesen, denn Küchenmeister Frick war freier Mitarbeiter dieser Zeitungen.

Bei seinen Berlinbesuchen übernachtete er regelmäßig im Gästezimmer des Deutschen Arbeiterverbandes des Nahrungsmittelgewerbes am Reichstagsufer in Berlin und besuchte gelegentlich politische Kundgebungen. So war er auch Zeuge des 1. Mai 1929 in Berlin, des „Blutmai“, als der sozialdemokratische Polizeipräsident Karl Zörgiebel die Arbeiter mit einem Demonstrationsverbot provo-

Schloßteich und Börsengarten in Königsberg

zierte. Zörgiebel hatte die Reaktion der Arbeiter richtig eingeschätzt und ließ in die demonstrierende Menge schießen. Die Schlagzeilen in den Zeitungen verkündeten: Sozialdemokraten schossen auf Arbeiter, 31 Todesopfer zu beklagen.
Karl-Eduard Frick wurde in der Bahnhofsgaststätte verhaftet, als er lauthals seiner Empörung Ausdruck verlieh und die SPD als Verräterpartei bezeichnete. Das brachte ihm zwei Tage Gefängnis in Berlin-Moabit ein.
Mit einer Verwarnung und einem Schulterklopfen zu Hause in Königsberg vom Schuldirektor war dieser Berlinaufenthalt abgetan. Seine Beliebtheit bei den Lehrlingen in der Berufsschule stieg noch mehr.

Küchenmeister Frick machte aus seinen politischen Ansichten kein Hehl – ein seinerzeit gefährlicher Mut, der ihm sogar mehrmalige Vorladungen bei der Gestapo einbrachte. Vor allem seine ablehnende Haltung zur nazigesteuerten Arbeitsfront und abfällige Äußerungen über den „österreichischen Anstreicher" im Kollegenkreis bekamen ihm schlecht. So zog er sich nach und nach von Freunden und Kollegen zurück und lebte nur auf, wenn er über die erfolgreichen Berufsschuljahre und die abenteuerlichen Klassenfahrten erzählen konnte.

Karl-Eduard Fricks Kampf gegen fremdländische Namensbezeichnungen auf deutschen Speisenkarten

Wie seine Freunde Gottlieb Weisser und Erich Arnau war der Königsberger Frick im Deutschen Kochverband eines der unbequemsten Verbandsmitglieder.
Ständig suchten sie Anlässe, um in Opposition gehen zu können – so äußerte sich mißfällig ein Mitglied der Berliner Prüfungskommission.
In Fachzeitungen der Branche versuchte Frick gegen die Entfremdung der deutschen Sprache anzugehen, obwohl ein Steckenpferd von ihm gerade das Fachfranzösisch war. Die deutsche Küche ist in ihrer Vervollkommnung französischen Ursprungs und ein sehr großer Teil unserer französischen Fachausdrücke ist in den allgemeinen deutschen Sprachschatz eingegangen.
Trotzdem setzte sich Frick für eine klare, eindeutige Bezeichnung von Speisen, vor allem auf der Speisekarte, ein. Ebenso ermahnte er seine Lehrlinge, sich kurz, präzise und deutlich zu äußern.
Er kämpfte gegen Verfälschung an, so zum Beispiel beim „deutschen Beefsteak“. Viele verstehen darunter den gebratenen Klops! Völlig falsch, denn eigentlich ist es eine kulinarische Delikatesse: „Gemischtes Röstfleisch, bestehend aus einer halben Hammelniere, Rauchspeck, Lendenschnitte, Hammelrippchen, Kalbslendchen, Schweinslendchen, Kräuterbutter, gebackenen Streifenkartoffeln.“

Die Lachsgerichte der Floßners an der Kurischen Nehrung

Adelheit Rumert (1857-1919)

Der Lachs lebt im Meer und im Fluß, er findet sich in den nördlichen Meeren von Europa, Asien und Amerika. Während des Winters hält er sich in tieferen Stellen der Ost- und Nordsee und den Küsten des Atlantischen Ozeans auf und nährt sich als Raubfisch von allerhand kleinen Fischen und Meerestierchen.

Zeitig im Frühjahr erscheint der Lachs an den Flußmündungen und wandert im April und Mai stromaufwärts, um zu laichen.
Auf diesem Wege versucht der Lachs alle Hindernisse mit seiner bewundernswerten Muskelkraft zu überspringen. Wehre und Stromschnellen sind für den Lachs kein Hindernis! Mit weiten hohen Sprüngen nimmt der Fisch jede Hürde. So gelangt er aus der Nordsee in die Elbe, den Rhein und in die Weser, von der Ostsee in die Oder und deren Nebenflüsse.
Der Meerlachs ist fett und fleischig, aber bei weitem nicht so wohlschmeckend wie der Flußlachs. Hier ist besonders der Rheinlachs, den es jetzt wieder im Rhein gibt, und der Loirelachs, welcher im Winter besonders schmackhaft ist, zu empfehlen.
Optimisten meinen, daß es in Oder und Elbe bald wieder Lachse geben wird. Freuen wir uns darauf, denn die Elb- und Oderlachse waren zur Jahrhundertwende ein begehrter Leckerbissen.
Fachlich ist es aber falsch, von Fluß- und Meerlachs zu sprechen. Der Geschmack des Fleisches ist unterschiedlich: Der Lachs im Fluß ist deshalb feiner, weil der Fisch vor dem Laichen auf dem Höhepunkt des delikaten Wohlgeschmacks steht und nach dem Laichen viel an Gewicht und Güte verloren hat. Die alten Lachse, welche nach dem Laichen recht abgenommen haben, erholen sich in den Flüssen sehr schnell. Auch sie sind im Herbst auf ihrer Wanderung nach dem Meer ebenso wie im Frühjahr vor der Laichzeit auf ihrer Reise in die Flüsse für die Fischer eine ersehnte und lohnende Beute.
Zu den Hauptfangzeiten sind die Lachse von großem Wohlgeschmack und ihr rotes Fleisch ist appetlich, nährstoffreich und schon im rohen Zustand ein beliebter Gaumenreiz.
Eine Spezialität der Niddener Fischer war der „Niddenlachs“ – frisch gefangener, roh gegessener Lachs.

Der rohe Niddenlachs – Fischerspezialität

800 g Lachsfilet (roh, sorgfältig von Gräten befreit),
Paprikapulver, 1 EL Zitronensaft,
1 Spritzer Worcestershiresauce
ein kräftiges Birkenfeuer (soll 1 Stunde brennen)

Das rosafarbene, zarte Lachsfilet leicht klopfen, mit Zitronensaft beträufeln, dann mit dem Paprikapulver bestreuen und mit Worcestershiresauce bespritzen. Etwa eine gute Stunde am kühlen Ort lagern. In einem Drahtkäfig, welcher extra für die Räucherei angefertigt wurde, eine Stunde hoch über einem leicht brennenden Birkenfeuer hängen lassen.

Das delikate Lachsfilet wird fast heiß verzehrt. Es soll übrigens die Leib- und Magenspeise des bekannten Schriftstellers Carl Zuckmayer (1896 – 1977) gewesen sein, der unweit von Nidden eine kleine Sommerhütte besaß.

Die Floßners waren eine uralte Herbergsfamilie, die seit Jahrhunderten eine Gaststätte mit Zimmervermietung besaß. Adelheit Rumert war eine der vier Schwiegertöchter des Karl Floßner, der mit seiner Frau Alma den alten Dorfkrug in Nidden betrieb. Viele Gäste kamen immer wieder gern in den Niddener „Dorfkrug". Die vier Söhne des alten Floßner arbeiteten als Fischer und deren Frauen halfen zum Teil in der schwiegerelterlichen Gaststätte.

Adelheit Rumert war die einzige Schwiegertochter, die die alten Floßners in ihr Herz geschlossen hatten. Obwohl Paul Floßner und Adelheit Rumert in „Sünde" miteinander lebten, weil sie nie geheiratet hatten, schuftete Adelheit Rumert in der Küche des Niddener Kruges.

Sie verstand sich ausgezeichnet auf Fischgerichte und mancher gut gebaute Fischer machte ihr verliebte Augen.

Adelheit Rumert war nicht nur bekannt wegen ihrer deftigen Fischgerichte, sie verstand es auch sehr gut, mit den Fischern um deren Fang zu feilschen. Ihre besondere Liebe galt dem Lachs. Sie hatte etlichen alten Köchinnen und Köchen die Lieblingsrezepte abgelauscht und vervollkommnet. Adelheit Rumert war vom Lachs, genannt auch Salm, überzeugt. Denn nach ihrer Auffassung war der Lachs an Wohlgeschmack und Zartheit allen anderen Fischen überlegen.

Leuchtturm von Nidden.
Postkarte um 1900

Lachs mit gelben Rüben und Makkaroni

1 kg Lachs (Mittelstück),
1 Möhre (ca. 100 g), 2 Zwiebeln (ca. 150 g),
1 großes Stück Lachs (100 g),
100 g Butter, 2 Eigelb,
100 ml Weißwein (trocken),
150 g Makkaroni,
1 Bund Petersilie, 600 g Kartoffeln,
100 g geriebenen Meerrettich,
50 g Parmesan, 1 EL Olivenöl

Möhre, Lauch und Zwiebeln putzen und in kirschgroße Stücke schneiden. Dann in 1 Liter Salzwasser auskochen. In den Gemüsefond das entgrätete, enthäutete Lachsmittelstück geben, leicht köcheln lassen.
In der Zwischenzeit die gelben Rüben putzen und mit einem Buntmesser in Scheiben schneiden. Die geschälten Kartoffeln ebenfalls mit dem Buntmesser in Scheiben schneiden.
Makkaroni in Salzwasser bißfest kochen und warm stellen. Um zu verhindern, daß sie zusammenkleben, das Olivenöl darüber geben.
Nun den Lachs herausnehmen und ebenfalls warm stellen. Den Gemüse-Lachs-Fond durchseihen. In der einen Hälfte des Fonds die Kartoffel- und Rübenscheiben zusammen gar kochen. Die andere Hälfte des Gemüse-Lachs-Fonds dient zur Herstellung einer Sauce Hollandaise. Dafür die Butter langsam in einem Topf zerschmelzen lassen und die Eigelb dazu rühren. Nicht zu heiß, sonst gerinnt das Eigelb! Jetzt den warmen Gemüse-Lachs-Fond dazugeben. Die Lachs-Gemüse-Hollandaise bis zum Servieren ebenfalls warm stellen.
Den portionierten Lachs auf einem Sockel von Makkaroni anrichten, reichlich mit Gemüse-Lachs-Hollandaise übergießen und mit Kartoffel-Rüben-Scheiben umlegen. Mit reichlich frischer gehackter Petersilie bestreuen.

Dieses Gericht wurde bei Floßners besonders gern von den Gästen und Bewohnern der Künstler-Kolonie bestellt. Laut Überlieferung soll auch der Schriftsteller Thomas Mann ein Liebhaber dieses Lachsgerichtes gewesen sein.

Ansichtskarten um 1900

Lachs nach Niddener Art

4 große Stücke Lachsfilet (600 g),
1 l Fischbrühe,
50 g Butter,
50 g Mehl,
250 g saure Sahne,
4 EL scharfer Senf,
2 EL Kapern,
2 EL Olivenöl zum Braten,
750 g Kartoffeln

Die Fischbrühe aus den Gräten, dem Kopf und der abgezogenen Haut des Fisches herstellen. Mit Butter verfeinern und mit Mehl andicken, so daß eine weiße Fischsoße entsteht. Nur mit Salz und Pfeffer würzen. Dann die saure Sahne hinzugeben. Der zarte Lachsgeschmack darf nicht überdeckt werden.
Die 4 Lachssteaks in Olivenöl braun braten. In eine längliche Pfanne legen und mit den geschälten, in Scheiben geschnittenen Kartoffeln umlegen. Dann alles mit der Fischsoße übergießen und in der Backröhre bei mittlerer Hitze eine halbe Stunde backen.
Zu diesem Fischgericht paßt ein Kopfsalat im würzigen Joghurtdressing mit frischen Küchenkräutern.

Viele Sommergäste in Nidden waren eifrige Dünenspaziergänger. Alle wollten das einmalige Naturschauspiel sehen, wenn der Wind vom Fuß der Düne aufsteigt und alle losen Sandkörner vor sich her den Abhang hinaufjagt, bis sie hinter den Kamm des Sandwalls gelangen. Von der Windseite wird der Sand in den Windschatten hinübergetragen. So entstehen Wanderdünen. Da der Wind vom Meer herkommt, schreitet die Düne unaufhaltsam dem Haff zu, verflacht das Fahrwasser und irgendwann verschwinden ganze Dörfer und Kirchen im Sand.
Die Niddener Künstlerkolonie war berühmt. Die Motive für Landschaftsmaler und vor allem die Ruhe ließen viele Künstler hier einen erholsamen Sommerurlaub verleben.

Cranzer Strandimpressionen um 1900

Schmid-Lachs
– eine Königsberger Spezialität

Der Küchenmeister Carl Schmid war um 1911 in Zürich im bekannten Restaurant „Zunft zur Meise“ tätig und machte seinem Beruf bei Kochkunstausstellungen alle Ehre.
Um 1875 war er als Jungkoch für kurze Zeit in Nidden beschäftigt. Er soll der damals gerade 18jährigen Adelheit Rumert schöne Augen gemacht haben, ein paar Mal wurden die beiden auch zusammen gesehen. Auf dem Salondampfer „Cranz“ gab es dann eine schlagkräftige Auseinandersetzung zwischen dem Fischer Paul Floßner und dem schmächtigen Jungkoch Carl Schmid. Letzterer ging dabei über Bord und im Wasser kühlte seine Verliebtheit ziemlich ab. Als Erinnerung an seinen Aufenthalt in Nidden blieb seine Grill-Spezialität zurück – der „Schmid-Lachs“, der bei allen Gästen ein Renner wurde!

Das Rezept für den „Schmid-Lachs“ fand natürlich auch Eingang in das Familienkochbuch der Floßners. Hier eine wortgetreue Abhandlung aus dem Floßner-Kochbuch:

Von einem Lachs werden einige Scheiben abgeschnitten und geputzt, gewaschen sowie gut abgetrocknet. Mit Zitronensaft beträufelt und mit Salz bestreut, mit Öl bepinselt.
Auf dem Holzkohlegrill, wenn die Glut nur noch eine weiße Ascheschicht hat, zart gebraten. Außerdem wiegt man einige Schalotten und einige Zehen Knoblauch fein. Dieses Gemisch schwitzt man in Butter an und gibt ein paar Spritzer Feinen Weinessig dazu. Lasse alles zugedeckt schmoren, dann 3 EL kaltes Wasser angießen und 3 Eigelb hinzufügen, gut durchschlagen. Warm stellen.
Wenn die Lachsscheiben auf dem Grill gar sind, gebe man diese auf vorgewärmte Teller und gebe die Soße, die man nicht durch ein Sieb gestrichen hat, auf die Lachsscheiben.
Zu guter Letzt kommt auf die Speise eine Krone kunstvoll gespritzte Kräuterbutter. Dazu reiche man frische Hefebrötchen.

Der Schiffskoch Albin Noll aus Bartenstein

Gruppenfoto: obere Reihe, zweiter von links Albin Noll.

Albin Noll (geb. in Bartenstein 1879, verschollen 1917) war ein so genanntes Findelkind, das bei einer Fischerfamilie in einem Dorf bei Cranz aufwuchs. Der kleine Albin war oft bei den Fischern und sah ihnen bei der Arbeit zu, wobei er schon von klein auf immer „Süßkoch“ werden wollte. Er aß sehr gerne Cremespeisen und Puddings, war immer dabei, wenn der Pflegevater seine Ware fangfrisch in die feinen Hotels in Cranz und Umgebung ablieferte.
So ging er 1894 auch gern in die Lehre ins Kurhotel Cranz zum Konditor Krüger. Der Meister war allerdings ein cholerischer Mann und stets auf sein Ansehen be-

dacht. Von diesem Könner, der bei Bällen und Sommerfesten riesige Kuchenbuffets kreierte, lernte Albin Noll viel. Er heiratete jung, als sich sofort Nachwuchs anmeldete. Die Eltern seiner Frau betrieben in Bartenstein eine kleine Gastwirtschaft in der Königsberger Straße. Albin Noll hielt es jedoch nicht in der Kleinstadt, er heuerte auf einem Passagierdampfer an und wurde zweiter Schiffskoch. Aus dem Ersten Weltkrieg kehrte er nicht mehr heim.
Er war seinem Sohn August immer ein guter Vater, aber seiner Frau Frieda nicht immer ein treuer Ehemann. Nach des Vaters Tod erfuhr der junge August Noll, daß es im fernen Kiel zwei Halbschwestern gab und nahm zu ihnen Kontakt auf. Die eine, Friedericke Gubert, hatte die süße Ader des Vaters geerbt und arbeitete im Berliner Hotel „Adlon" noch lange Zeit als Dessert-Köchin.
Das Süßspeisenkochbuch des Vaters schenkte ihr der Halbbruder August Noll bei seinem Besuch 1958 in Westberlin, als er vorübergehend bei ihr wohnte. Denn der Koch August Noll hatte den Schweriner HO-Kreisbetrieb um ein paar Hundert Ostmark betrogen und fürchtete die Bestrafung. August Noll starb bei einem Busunfall 1971 in Köln, seine Halbschwester Friedericke Gubert ist 1987 in Westberlin gestorben, ihr Enkel Felix Marschner schickte mir vorstehendes Foto und Auszüge aus dem Süßspeisenkochbuch des Schiffskochs Albin Noll zu.

Pfirsiche nach Kaisers Art

Die Pfirsiche halbieren, entsteinen und abschälen, dann mit etwas verdünntem Marzipan füllen. Wieder zusammensetzen, in Backteig tauchen und in Fett schön braun werden lassen.
Dazu eine Erdbeersoße aus pürierten Erdbeeren reichen.

Kurhotel in Cranz, 1900.

Aprikosen nach Cranzer Art

250 ml Milch, 60 g Kochreis,
250 ml Schlagsahne,
4 Blatt Gelatine,
Aprikosensaft, 4 Aprikosen,
50 g Marzipan, 4 EL Erdbeermark

Milchreis zubereiten, mit Schlagsahne und etwas aufgelöster Gelatine gut vermischen, in flache Tortelettförmchen füllen und kalt stellen. Aprikosen schälen, entkernen und kurz ankochen, halbieren und mit halbfester Marzipancreme füllen, dann zusammensetzen. Mit Aprikosensaft, welchem man etwas Gelatine zugesetzt hat, überglänzen. Den Reis stürzen, auf jedes Tortelett eine Aprikose setzen und mit der mit Erdbeermark eingefärbten Schlagsahne ringsum garnieren.

Apfeldessert nach Königin Luise

Die Äpfel schälen und an der oberen Seite einen Deckel abschneiden. Die Äpfel ganz aushöhlen, aber so, daß ein dünnes Gehäuse stehen bleibt. In jeden ausgehöhlten Apfel in Würfel geschnittene Ananas geben.
Mit etwas Danziger Goldwasser auffüllen, dann den abgeschnittenen Deckel darauf legen und die Äpfel kalt stellen.
Etwas Ananassaft mit Blattgelatine erwärmen und über die Äpfel gießen. Aus pürierten Erdbeeren eine Erdbeersoße herstellen. Die Soße auf Teller geben und darauf die Äpfel anrichten.

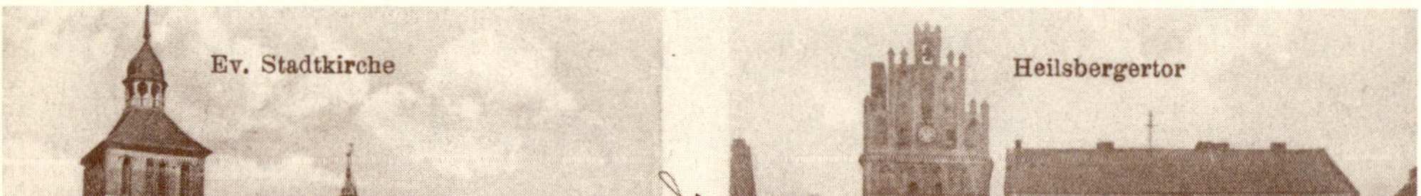

Bartenstein um 1910

Die Haferrezepte der Emma Kumpert aus Rastenburg

Postkarte um 1900: Die Marienburg (erbaut um 1280)

Die Familie Kumpert ist in der Kreisstadt Rastenburg (heute Ketrzyn, Polen) seit über 400 Jahren zu Hause. Der erste Kumpert kam 1528 als Schmied für Türbeschläge von Königsberg zum Erweiterungsbau der Burg nach Rastenburg.
Eine Kumperttochter überlebte 1625 die große Pest, der viele Rastenburger zum Opfer fielen. Sie hatte zwei uneheliche Söhne – August und Wilhelm, die den Namen Kumpert weitergaben. August Kumpert gründete in Rastenburg eine Familie. Wilhelm lebte mit seiner Familie in Marienburg (heute russisch Malbork). Beide Kumpertsöhne waren wie ihr Urahne tüchtige Schmiede und sehr fleißige Bauhandwerker, begabt für den Burgbau.

Auch unter den treuen Arbeitern der angesehensten Glockengießerei in Rastenburg waren Kumpertsprößlinge.
Der Marienburger Zweig der Kumpertfamilie starb 1924 mit dem Tod der Auguste Kumpert aus. Sie hinterließ ihrer Nichte Emma in Rastenburg mit über 250 Haferrezepten eine beachtliche Sammlung von Rezepten aus der Körnerküche.
Alfred Kumpert war der letzte Rastenburger Kumpert und seine Tochter Emma sollte bei einer Heirat ihren Mädchennamen behalten.
Emma Kumpert, geboren 1910 in Rastenburg, besuchte das dortige Lyzeum. Der Vater sah mit Freuden, daß seine Tochter sich für die Medizin interessierte. Ein schwerer Motorradunfall wurde Alfred Kumpert zum Verhängnis und seine Frau Emilie starb ein halbes Jahr später, im kalten Januar 1932.
Emma, die nun plötzlich allein im Leben stand, wendete sich verstärkt den Nationalsozialisten zu und war sehr aktiv in der aufstrebenden NSDAP tätig. Ihre Liebe galt aber weniger der Idee, als vielmehr einem jungen SA-Aktivisten, der bald zur näheren Umgebung Adolf Hitlers gehörte. Als Emma Kumpert ihn 1934 heiratete, war sie glücklich und akzeptierte gern, daß der junge Mann nicht Kumpert heißen wollte.
Am 30. Juni 1934 wurde die junge Frau schon Witwe, denn Herbert S., einer der engsten Gefolgsleute des SA-Chefs Ernst Röhm, kam beim blutigen Machtkampf zwischen SS und SA um. Die führende Gruppe der NSDAP unter der Leitung von Hitler, Göring und Himmler ließ durch die SS unter den SA-Führern ein Blutbad anrichten.
Emma ging zurück nach Rastenburg und arbeitete in einem der Rastenburger Mühlenwerke, in einer Versuchsküche. Man wollte das deutsche Volk mit dem deutschgewordenen Korn aus der bald deutschen Ukraine möglichst vielfältig ernähren... Emma S. starb 1979 im Haus der Kinder in Kassel.

Marienburg von der Westseite

Haferabendspeise

(Wenn nicht anders angegeben, sind die Zutaten aller folgenden Rezepte für eine Person berechnet.)

50 g Haferflocken,
1 EL kernlose Rosinen,
1 Apfel (im Sommer 200 g Beerenobst)

Die Haferflocken abends in so viel Wasser einweichen, daß sie gerade damit bedeckt sind. Die Rosinen ebenso ansetzen. Beides über Nacht kalt stellen. Morgens Haferflocken und Rosinen mit einem kleingeschnittenen Apfel oder einer filettierten Apfelsine vermischen. Dazu etwas frische Milch, ein wenig Zucker oder etwas Honig geben.

Einfache Haferflocken-Milchsuppe nach einem Familienrezept der Kumperts

50 g Haferflocken, 1/4 l Wasser,
1/2 l Milch, 10 g Butter, 1 Prise Salz

Die Haferflocken in dem Wasser zehn Minuten kochen lassen. Dann mit der kochenden Milch übergießen, etwas Butter unterrühren und salzen, nach Geschmack.
Oder:
Die Haferflocken zwei Stunden in kaltem Wasser einweichen, dann zum Aufkochen bringen und auf dem heißen Herdrand gar quellen lassen. Die übrigen Zutaten beigeben.

Haferflocken-Gemüse-Suppe nach Marienburger Art

Gemüsebrühe:
2 Stengel Porree, 1 kleine Sellerieknolle,
2 Möhren, 1 Kohlrabi, 1 Zwiebel, 1 Tomate, 2 Kartoffeln,
20 g Butter, Salz, Muskat

Gemüse putzen, klein schneiden und in der Butter anrösten. Mit Wasser ablöschen, schwach salzen, eine gute Stunde kochen. Nach Geschmack mit etwas Muskat würzen.

50 g Haferflocken, 3/4 l Gemüsebrühe,
100 g Gemüse (von der Gemüsebrühe), 1 EL Sonnenblumenöl,
10 g Butter, Salz nach Geschmack

Die Haferflocken mit der Gemüsebrühe ansetzen, zehn Minuten langsam kochen lassen. Das in Würfel geschnittene Gemüse in dem Sonnenblumenöl andünsten, mit wenig Wasser auffüllen, gar kochen und mit Salz abschmecken.

Rastenburg um 1940

Haferflocken mit Äpfeln

50 g Haferflocken,
250 g säuerliche Äpfel,
1/8 l Milch,
Zucker, Zimt,
25 g braune Butter

Die Äpfel schälen und in dicke Scheiben schneiden. Dann lagenweise mit den Haferflocken in eine Auflaufform schichten, mit der Milch übergießen und die Speise im Wasserbad gar werden lassen. Danach die Speise vorsichtig auf eine Anrichteplatte heben, mit Zucker und Zimt bestreuen und mit brauner Butter begießen.

Kräuterklöße mit Tomatentunke

Klöße:
65 g Haferflocken, 1/8 l Milch,
1 Ei, 25 g Butter,
1 TL gehackte Petersilie, 1 TL gehackten Dill,
1 TL geschnittenen Schnittlauch

Tomatentunke:
25 g Weizenmehl, 125 g Tomaten,
2 EL Sonnenblumenöl, 10 g Butter,
Selleriesalz, 1 Prise Zucker

Von allen Kloß-Zutaten einen Brandteig herstellen. Dafür Butter und die eingeweichten Haferflocken (eine Stunde vorher in etwas Wasser einweichen) in die Milch geben, gut aufkochen lassen und unter großer Hitze zu einem festen Teigklumpen abbrennen. Den Teig etwas erkalten lassen, das Ei und die Küchenkräuter dazugeben und Klöße formen.
Die in Würfel geschnittenen Tomaten mit der ganz klein geschnittenen Zwiebel in dem Sonnenblumenöl dünsten. Mit einer Tasse Wasser auffüllen, mit dem Weizenmehl binden und der Butter, dem Selleriesalz und einer Prise Zucker geschmacklich vollenden.

Hafermehl-Nockerln

50 g Hafermehl, 30 g Butter,
2 Eier, 1 Eigelb,
15 g Zucker, 1/4 l Milch

Die Butter schaumig rühren, das Hafermehl und den steifgeschlagenen Eischnee hinzufügen. Mit einem Teelöffel kleine Klößchen aus der Masse abnehmen. In die gesüßte, kochende Milch geben, etwas einkochen lassen und alles mit dem Eigelb legieren.

Ein Koch aus Allenstein am rumänischen Königshof

X1: Der wohlbeleibte Herr mit Glatze ganz rechts ist Bruno Trudenat,
(Anmerkung des Verfassers: Viele Köche haben schon zeitig eine Glatze,
da das Tragen der Kochmütze am Herd nicht gerade förderlich für den Haarwuchs ist.)
X2: Der dritte ältere Herr in der ersten Reihe von links ist Hermann Edner.
(Die Aufnahme entstand 1933)

Wir sitzen in einer Jagdhütte in der Dübener Heide, unweit von Bad Düben, auf dem alten Holztisch liegen vergilbte Zeitungen, alte Fotos und handschriftliche Rezepturen des königlich-rumänischen Hofküchenmeisters Hermann Edner. Die Hirschrückensteaks brutzeln in der Pfanne und der Geruch von edlem Rotwein, mit dem Robert Fischer die Steaks ablöscht, zieht durch die dunkle Jagdhütte.

Er erzählt, daß er bei der Haushaltsauflösung seines 1993 in Wolfen verstorbenen Onkels Bruno Trudenat das vorliegende Material gefunden habe. Durch den Artikel im Ostpreußenblatt wurde auch Robert Fischer aus Bad Düben auf mein Vorhaben aufmerksam und rief mich an, um dieses Treffen zu vereinbaren.

Herrmann Edner war ein echter Allensteiner mit ausgeprägtem Stolz auf seine ostpreußische Herkunft. Der Zufall hatte seine Vorfahren einst nach Allenstein verschlagen. Einer seiner Vorfahren war der russische Soldat Nikolai Anton Fronowsim, ein typischer Petersburger, groß, mit pechschwarzem Haar. Über ihn gibt es eine wunderschöne Familiengeschichte.
1807 hielten die Franzosen in der Allensteiner St. Jakobikirche viele russische Soldaten gefangen. Unter ihnen auch Nikolai Fronowsim. Ihm und zwei anderen russischen Soldaten gelang die Flucht, aber die Franzosen verfolgten sie.
Seine Leidensgenossen wurden gefunden und in einer Birkenallee an den Bäumen aufgehängt. Nikolai Fronowsim verbarg sich fast drei Tage und drei Nächte im Schilfdickicht eines der vielen Seen (der Masurischen Seenplatte) rund um Allenstein. Ein mitleidiger Fischer schenkte ihm trockene Kleider und etwas zu essen. Zum Dank half er dem Fischer ein paar Tage beim Netzflicken. So lernte er Richard David kennen, der mit seiner taubstummen Nichte in Allenstein lebte. Die blonde, zierliche Maria und der russische Soldat verliebten sich ineinander.
Dem Russen, der gut und voll Einsatzfreude arbeitete, gelang es, sich mit Maria durch Zeichen zu verständigen und das sensible Mädchen blühte richtig auf. Nach einem halben Jahr aber verschwand Nikolai ganz plötzlich und mit ihm das beste Pferd des Fischers David sowie das gesamte Geld vom Sommerfang.
Der Fischer war enttäuscht, aber auch erleichtert. Die Gendarmen fragten in der letzten Zeit schon argwöhnisch, woher denn der neue junge Fischer käme.
Maria jedoch hörte auch nach dem Verschwinden des Russen nicht auf zu blühen. Am 2. Oktober 1807 kam ein neuer Stammhalter zur Welt, der Urgroßvater des Hermann Edner. Der alte Fischer David erlebte nicht mehr, wie August David ein Fischgeschäft mit eigener Fischräucherei gründete. Es wurde erfolgreich fortgeführt von seiner Tochter Friedericke und ihrem Mann Theo Stern.
Zusammen betrieb das Ehepaar das Fischgeschäft, eine eigene kleine Fischfangflotte und die immer größer werdende Fischräucherei. Bis nach Königsberg lieferte man schon die Allensteiner Spezialitäten. Bei einer Ausstellung der Gaststätteninnung zur Frühlingsmesse in Königsberg stellten die Sterns neue Fischspezialitäten aus ihrem Hause vor. Hier lernte die jüngste Tochter, Adelheit-Elisabeth Stern, geboren 1859, den Wiener Koch Alfred Edner kennen. Die junge,

Bei einer Geschäftseröffnung 1905 in Allenstein,
unten rechts Hermann Edner

bildhübsche Adelheit gefiel dem Wiener sofort. Sie heirateten am 5. September 1878. Alfred Edner war gelernter Koch mit einer eigenen kleine Gaststätte nahe des Königsberger Schlosses.
Hier wuchs ihr Sohn, der künftige Küchenmeister des rumänischen Königshofes, heran. Bis 1910 blieb der junge Hermann Edner in Königsberg, ab 1911 war er in Allenstein in verschiedenen Stellungen tätig, denn eine junge Frau hatte seine ganze Aufmerksamkeit gewonnen. Über eine Zeitungsanzeige in einer Fachzeitung kam Hermann Edner an den rumänischen Königshof. Als Angestellter bei Hof durfte man nicht in wilder Ehe zusammen leben. Deshalb heiratete er nach 12 Jahren des Zusammenseins 1922 endlich seine langjährige Freundin und sie bezogen eine Wohnung in Bukarest.
In Bukarest lernte das junge Ehepaar Bruno Trudenat kennen, Koch in einem der besten Häuser. Zusammen kochte man in der kargen Freizeit echte ostpreußische Kost in der kleinen Küche der Edners.
1925 ging Bruno Trudenat nach Wien, hielt aber die Verbindung zu den Edners aufrecht, zumal diese keine Kinder hatten und diese Freundschaft pflegten.

Oft fuhren sie zusammen in das wald- und seenreiche Feriengebiet um Allenstein und ernteten erstaunte Blicke, wenn sie in dem schnittigen Horch, Baujahr 1921, durch Allenstein knatterten.

Bruno Trudenat überredete Hermann Edner zur Internationalen Kochkunstausstellung 1930 in Wien, die rumänische Hofküche vorzustellen. Es war ein toller Erfolg für Hofküchenmeister Edner und seine Mitstreiter aus Bukarest.
Die zur Schau gestellten Festtafeln hatte man wie für festliche Anlässe am rumänischen Königshof eingedeckt, zum Beispiel eine österlich geschmückte Tafel. Besonders fiel den Besuchern hier die goldgestickte Decke auf, ein Geschenk der englischen Königin an das rumänische Königshaus. Kostbares Porzellan, goldenes Besteck sowie edelsteinbesetzte Weinkelche ließen die Fachbesucher ebenso erstaunen.
Neben der Besichtigung der Festtafeln gab es für die Besucher zahlreiche Gelegenheiten, die rumänischen Spezialitäten zu kosten. So mancher langjährige Fachkollege schmunzelte beim Verkosten, denn Hofküchenmeister Edner hatte Gerichte aus seiner ostpreußischen Heimat mit in die rumänische Küche einfließen lassen und kochte sie mit einheimischen, also rumänischen Produkten. Ein schönes Beispiel dafür, wie Kochen und Essen Völker und Nationalitäten in Frieden miteinander verbinden können. Man gönnte Edner seinen Erfolg und freute sich mit ihm. Zum letzten Mal vor Ausbruch des Zweiten Weltkrieges sahen sich die beiden 1933 zur Hochzeit des Patenkindes von Hermann Edner in einem Dorf nahe der Stadt Allenstein (heute polnisch Olsztyn). Robert Fischer konnte sich nur noch aus Erzählungen seines Onkels erinnern, daß die Hochzeit auf einem riesigen Bauernhof am Wulpingsee stattgefunden habe.
Robert Fischer erzählte, daß Küchenmeister Edner 1950, als er zur Leipziger Messe weilte, seinen Freund Trudenat in Wolfen besucht habe. Während dieses Besuches führten die beiden alten Herren lange Gespräche über ihre Kriegserinnerungen, über andere Fachkollegen und über den Osten, die der junge Mann fasziniert verfolgte. Hermann Edner versuchte, seinen Freund Bruno zu überreden, mit nach Köln zu kommen und bei ihm zu wohnen. Er besaß in einem noblen Kölner Vorort eine schöne Villa. Aber da Bruno Trudenat noch kein Rentner war und auch seine Familie in Wolfen nicht verlassen wollte, fuhr Onkel Hermann, wie Robert Fischer ihn liebevoll nannte, allein zurück nach Köln.
Hier erinnerte sich Robert Fischer an die englische Schokolade und den schweren, blitzenden Spielzeugrevolver, die Onkel Hermann ihm damals geschenkt hatte. Leider kann Robert Fischer selbst zu seiner ostpreußischen Herkunft nichts

Allenstein 1910

erzählen, denn er wuchs in Geiselthal bei Leuna auf. Seine Mutter, geborene Trudenat, starb drei Tage nach seiner Geburt im Januar 1944 an einer Infektion. Zu diesem Zeitpunkt befand sie sich bei Verwandten in Geiselthal zu Besuch. Da sein Vater Eduard Fischer aus Memel bei der Verteidigung von Königsberg fiel, nahmen die Verwandten in Geiselthal den kleinen Robert an Kindes statt an.
Bei den Trudenats verlebte er seine Kindheit und wuchs mit dem ostpreußischen Dialekt auf. Da Onkel Bruno mit seiner Familie überstürzt geflohen war, sind viele Erinnerungsstücke in Ostpreußen verschollen. Erhalten blieb die umfangreiche Rezeptesammlung von Hermann Edner, die er schon als Achtjähriger in schöner Schreibschrift angefangen hatte. Jedesmal wenn er nach Allenstein fahren durfte, war das große Rezeptebuch dabei. Der wißbegierige Knabe war für eine Köchin, die gerade viel zu tun hatte, sicher eine Plage.
Aus dieser Sammlung, die Robert Fischer in Bruno Trudenats Nachlaß fand, nachfolgende Rezepte im Originaltext.

Marinierter Karpfen nach Jakobsart

Der Karpfen wird in Stücke geschnitten, mit Salz und Paprika gewürzt, in Mehl gewälzt und in Öl angebraten. Jetzt werden soviel Zwiebeln, soviel wie der Karpfen gewogen hat, in Scheiben geschnitten und goldgelb in Öl angeröstet, mit etwas Tomatenpüree, Weißwein, Pfeffer, Lorbeerblatt, Zitronensaft, Salz zu einer Marinade gekocht. Alles wird über die Karpfenstücke gegossen, im Ofen gar gedünstet. Das Gericht wird kalt, mit Zitronenscheiben garniert, serviert.
Dieses traditionsreiche Gericht wurde vom Verfasser nachgekocht, hier die genauen Angaben der Zutaten.

1 Karpfen (ca. 2 kg),
100 g Mehl, 2 kg Zwiebeln, 50 g Öl, 2 EL Tomatenpüree,
100 ml Weißwein, 1 Zitrone,
Pfeffer, Paprika, edelsüß, Lorbeerblatt, Salz

Die Backröhre sollte man auf 180 ° C vorheizen. Der Fisch braucht nur eine viertel Stunde in der Röhre zu bleiben. Ansonsten Zubereitung wie von Hermann Edner beschrieben.

Allensteiner Quarkfrikadellen

(In verschiedenen Regionen von Ostpreußen auch als Käsefrikadellen bekannt.)

250 g frischer, nicht zu fetter Quark wird durch ein Haarsieb passiert und mit 50 g Butter, 2 Eiern, 2 Eigelben, 3 EL Mehl, 1 EL Schmand, Salz, 10 g feinem Zucker, und etwas fein geriebener Zitronenschale gut verrührt.
Zu runden Frikadellen geformt in Mehl wälzen und in Öl schön braun braten. Mit saurer Sahne servieren.

Allenstein um 1940

Spinatwickel à la Allenstein

Diese Speise taucht in vielen Familienkochbüchern auf, die Zutaten sind fast überall die gleichen, aber in der Herstellung gibt es schon große Unterschiede.
Im Gebiet um Bartenstein (heute polnisch Bartoszyze) und im Gebiet um Heiligenbeil (heute russisch Mamonowo) stellt man die Spinatwickel mit einer Extraschicht Wirsing und mit viel Speck und Zwiebel her.

Große Spinatblätter werden vom Stiel befreit, ins kochende Salzwasser gegeben und ganz kurz aufgekocht, im Eiswasser abgeschreckt. (Vom Kochfond eine Kaffeetasse voll aufheben!)

Dann legt man die blanchierten Spinatblätter auf ein Küchentuch (heute Küchenkrepp) und läßt diese antrocknen. Jetzt bereitet man eine Fleischfüllung zu (siehe Rezept unten). Dann rollt man die Spinatwickel zusammen und legt diese vorsichtig in eine gebutterte Kasserolle. Die Spinatwickel werden bei 180 Grad Ober- und Unterhitze genau 15 Minuten in der Röhre gedünstet.
In dieser Zeit gibt man in eine hohe Pfanne 50 g Butter und eine große, in feine Würfel geschnittene Zwiebel. Das lasse man gut durchschwitzen und gebe 30 g Weizenmehl hinzu.
Alles gut durchmischen und mit dem Spinatkochfond aufgießen sowie durchkochen lassen. Die grüne dicke Soße gebe man über die Spinatwickel und lasse diese noch einmal durchkochen. Es empfiehlt sich, diese Soße durch ein Sieb zu streichen.
Nach einer weiteren viertel Stunde ist das Gericht fertig. Dazu gebe man Salzkartoffeln.

Ein besonderer Tip von Hermann Edner: Nehmen Sie statt Weizen- mal das dunkle Roggenmehl! Es erhöht den Geschmack.

Fleischfüllung:

1/2 kg Schweinefleisch wird durch die feine Scheibe des Fleischwolfes gedreht und Pfeffer, zerriebene Knoblauchzehe und Salz, 1 Ei und eine in Wasser gut ausgedrückte Semmel dazu gegeben. Alles gut vermengen!

Allensteiner Kräuterklößchen

Die Fleischfüllung wird wie bei den Spinatwickeln zubereitet. Formen sollte man sie wie die Königsberger Klopse. Spinat, Petersilie, Dill und Estragon waschen und fein hacken. Die zu Klopsen geformten Klößchen werden darin gewälzt und in eine mit Butter ausgestrichene ovale Backform gelegt. In der vorgeheizten Backröhre die Kräuterklößchen unter trockener Hitze eine viertel Stunde garen.

12 Klößchen, à 50 g:

50 g frische Spinatblätter,
je 10 g Petersilie, Dill, Estragon (alles frisch)

Marinierte Buletten – eine Allensteiner Spezialität

Bulettenmasse:

500 g Schweinefleisch (nicht zu fett, fein durchgedreht),
1 feingehackte Zwiebel, 2 Eier,
50 g gekochten Langkornreis,
1 Semmel oder 2 Brötchen (eingeweicht),
50 g Spinatblätter (blanchiert),
5 g feingehackte Petersilie,
5 g feingehackte Dillstengel, ohne Spitzen,
Salz, Pfeffer, Kümmel und etwas Muskat,
30 g Weizenmehl, 50 g Olivenöl

Soße:

2 EL Weinessig, 3 Lorbeerblätter,
1 EL Tomatenmark,
50 g saure Sahne,
150 ml Wasser zum Angießen des Bratenfonds

Die Bulettenmasse gut verkneten und zu runden, flachen Klopsen formen. Es empfiehlt sich, pro Person 3 Klopse à 50 g zu rechnen. Man wälze diese in Mehl und brate sie in Olivenöl scharf an. Die braun angebratenen Buletten werden in eine auf 100 Grad erhitzte Backröhre gegeben.
Jetzt gibt man in den Bratenfond den Weinessig, die 3 zerriebenen Lorbeerblätter sowie das Tomatenmark.
Wenn sich eine dunkelbraun-rötliche Masse gebildet hat, kommen die saure Sahne und das Wasser hinzu. Jetzt gibt man die Buletten wieder hinein und läßt alles kurz durchkochen. Die Soße wird vor dem Servieren durchgesiebt.

Spezialitäten vom Wehlauer Pferdemarkt 1905

Otto Wulbert und Frau Cäcilie, geborene Galert,
mit ihren Kindern Hildegard, Erich und Rudolf..
Aufnahme 1891

Die Stadt Wehlau war eine Garnisionsstadt im Regierungsbezirk Königsberg und liegt an der Mündung der Alle in die Pregel. Heute ist Wehlau russisches Gebiet und heißt Snamensk. 1900 hatte Wehlau etwa 5 000 Einwohner und war eine wohlhabende Stadt, bekannt durch ihre Pferdemärkte, die seit dem 14. Jahrhundert stattfanden. Jährlich wurden 20 000 Pferde verkauft, sogar aus Kanada reisten die Pferdehändler an.
Im Januar 1878 kam der Berliner Otto Wulbert nach Wehlau. Als gelernter Koch sollte er mithelfen, das Fest zum 200. Geburtstag der hiesigen Garnision durch kulinarische Höhepunkte zu bereichern. Doch rasch erkannte der Garnisionsküchenchef, daß der Berliner zwar ein guter Koch war, aber die Anforderungen eines Festbüfetts nicht erfüllen konnte. Er wollte ihn wieder loswerden, aber der junge Koch Wulbert hatte bereits mit der Gastwirtstochter Cäcilie Galert, deren Vater in der großen Vorstadt ein Gasthaus mit Fremdenzimmern betrieb, ein Verhältnis mit Folgen begonnen. Im November 1878 wurde Hildegard Wulbert geboren, nach ihr die Brüder Erich (1883) und Rudolf (1887), die später beide im Ersten Weltkrieg fielen.

Der erste Sohn von Hildegard Metz, geborene Wulbert, wurde am 12. August 1900 geboren. Er erhielt wie seit 1850 alle männlichen Nachkommen des Carl Theodor Metz den schönen Vornamen Carl.
Carl Theodor Metz war ein erfolgreicher Pferdezüchter und einer der Lehrer des erfolgreichsten deutschen Pferdezüchters Dietrich Born, dem Begründer der Trakehner- und Kaltblutzucht. Im hohen Alter von 98 Jahren verstarb Carl Theodor Metz und konnte den Erfolg seines jungen Schützlings Born nicht mehr miterleben. Aber wenigstens blieb es ihm auch erspart, mit anzusehen, wie einer seiner Nachkommen erfolgreich Pferdegerichte kreierte und regen Zuspruch fand. Carl Metz erlernte den Kochberuf beim Großvater Otto Wulbert und ging mit 20 Jahren in die weite Welt.
Durch Zufall bekam er eine Jungkochstelle in Wiesbaden. Hier konnte er zwar nicht mehr seine Pferderezepte ausprobieren, stieg aber rasch zum Küchenchef im Eden-Hotel auf.

Wehlauer Pferdekeulenbraten in Rotweinsoße

1 kg Pferdekeule,
½ l kräftiger Rotwein,
2 Zwiebeln,
1 Bund Suppengrün
(Sellerie, Möhre, kleine Stange Lauch,)
2 Lorbeerblätter, 3 Zweige Thymian,
weißer Pfeffer, Salz,
50 g Butterschmalz,
2 cl Cognac,
1 EL Tomatenmark,
50 g Rosinen,
1 EL Johannisbeergelee,
50 g saure Sahne

Das Stück Pferdekeule mit einem Tuch abreiben, in eine Steingutschüssel legen und mit dem Rotwein übergießen.
Die geschälten Zwiebeln und das geputzte Suppengrün würfeln und mit zerbröselten Lorbeerblättern, Thymian und Pfeffer zum Fleisch geben. Das Fleisch zugedeckt 1-2 Tage in dieser Beize lassen.
Dann aus der Beize nehmen, gut abtrocknen und mit Salz und Pfeffer einreiben. In einem Schmortopf im heißen Butterschmalz kräftig braun anbraten. Die Beize durchsieben und das Suppengemüse gut ausdrücken.
Das Gemüse mitrösten und dann alles mit Cognac ablöschen. Tomatenmark ins Bratenfett einrühren und die Beize nun dazugießen. Den Braten zugedeckt bei schwacher Hitze 2 Stunden schmoren lassen. Den Braten dann herausnehmen und warm stellen. Den Fond durch ein Sieb gießen und wieder in den Topf geben. Mit den gewaschenen Rosinen aufkochen. Mit Johannisbeergelee und saurer Sahne verfeinern, mit Salz und Pfeffer nachwürzen.
Dazu gab es entweder hausgemachte breite Nudeln oder Kartoffelklöße aus gekochten Kartoffeln.

Wehlau-Ansichtskarte um 1898

Wehlauer Pferderoulade

4 Pferderouladen aus der Keule, à 180 g,
Salz, schwarzer Pfeffer,
150 g Edelschimmelkäse,
4 lange dünne Möhren, 4 Stengel Basilikum,
50 g Butterschmalz,
1/4 l Fleischbrühe,
2 rote Paprikaschoten,
2 EL Weizenmehl, 50 g Crème fraîche

Die Rouladen salzen, pfeffern und gleichmäßig mit dem Edelschimmelkäse bestreichen. Die Möhren schälen, längs in Streifen schneiden und mit den abgespülten Basilikumstengeln auf die Rouladen legen.

Diese aufrollen, feststecken und im heißen Butterschmalz rundherum braun anbraten. Die Fleischbrühe seitlich angießen und die Rouladen zugedeckt bei nicht zu starker Hitze etwa eine halbe Stunde schmoren lassen. Die Paprikaschoten putzen, waschen und grob würfeln. Die Paprikawürfel nach einer Stunde zu den Rouladen geben. Das Weizenmehl in der heißen Röhre in einem Tiegel anrösten und mit der Crème fraîche vermischen. Dann an die Soße geben zum Binden.
Als Beilage schmecken Schmorkohl und Semmelknödel.

Pferdefleischsuppe mit Kartoffelstückchen

1 kg Pferdefleisch (Schulter oder Rippe),
Salz und Pfeffer,
3 große Zwiebeln, 80 g Butterschmalz,
1 l Fleischbrühe (auch Instant),
1 TL schwarze Pfefferkörner, 2 Lorbeerblätter, 3 Nelken,
500 g Kartoffeln,
Saft einer Zitrone, 1 EL Kapern

Pferdefleisch waschen und trockentupfen. In mundgerechte Stücke schneiden und mit Salz und Pfeffer würzen. Etwa eine halbe Stunde sollten die Fleischstückchen an einem kühlen Ort stehen. Die Zwiebeln abziehen, halbieren, in dünne Scheiben schneiden und im Butterschmalz anbraten. Jetzt das Fleisch hinzugeben und so lange braten, bis es eine schöne braune Kruste hat. Dann die heiße Fleischbrühe hinzugießen.
Die Kartoffeln schälen, abwaschen und in kleine Würfel schneiden. Die Pfefferkörner, die Lorbeerblätter, die Nelken und die Kartoffelwürfel zu der Suppe geben.
Die Festigkeit des Fleisches hin und wieder prüfen. Kurz vor dem Garende Zitronensaft und die Kapern an die Suppe geben. Die Suppe wird durch die Kartoffeln schön sämig.

Besonders um die Zeit der Pferdemärkte war an vielen Imbißständen diese wohlschmeckende Suppe zu haben.

Küche im Eden-Hotel Wiesbaden

Wehlauer Weißkraut mit Semmelklößen

1 kg Pferdefleisch, 1 Wurzelwerk,
Salz, Pfeffer, 1 Lorbeerblatt,
2-3 Pimentkörner,
1,5 kg Weißkraut, 50 g Schweineschmalz,
2 l Brühe vom Fleisch, durchgesiebt,
1 TL Kümmel,
250 g Weizenmehl,
1 TL Zucker, 1/2 TL Salz,
100 g Butter,
3 Eier, 1/4 l Milch,
200 g Brötchen (bevorzugt Milchbrötchen),
1 Bund Petersilie

Das Pferdefleisch wie Rindfleisch heiß ansetzen, mit Wurzelwerk und den Gewürzen kochen.
Das Weißkraut putzen und in 1/2 cm dicke Streifen schneiden. Im erhitzten Schmalz anbraten und mit der Brühe ablöschen. Mit Kümmel und Pfeffer abschmecken und etwa 10 Minuten köcheln lassen.
Mehl, Zucker, 50 g Butter, Eier und Milch zu einem glatten Teig verarbeiten. Brötchen in Würfel schneiden und in der übrigen Butter anrösten und unter den Teig mischen. Aus der Masse Klöße formen, auf das Kraut setzen und ca. 15 Minuten garen.
Das Fleisch in Scheiben schneiden und zusammen mit den Klößen auf dem Weißkraut anrichten.
Das Gericht zum Schluß mit der feingehackten Petersilie bestreuen.

Pferderouladen mit Speckgemüse

8 kleine Schnitzel aus Pferdekeulenfleisch,
2 Ziegenkäse oder andere würzige Weichkäse,
8 kleine Zweige Thymian (fein zerschneiden),
1 Ei,
50 g Mehl,
Salz und Pfeffer,
100 ml trockener Rotwein,
1 Tasse Fleischbrühe (auch Instant),
100 g Butter (teilen),
1 Zitrone,
1 Chicorée,
2 Stangen Lauch

Speckgemüse:
je 200 g Mangold, Blattspinat und Brokkoli,
50 g Bauchspeck,
Salz, Pfeffer und Muskat

Ansichtskarte um 1898

Die Schnitzel hauchdünn schneiden und unter einer Klarsichtfolie flach klopfen. Auf jedes Schnitzel eine 1/2 cm dicke Scheibe Ziegenkäse legen. Mit einer Prise Thymian bestreuen, sofort mit verquirltem Ei bestreichen und zu einer Roulade rollen, verschnüren. Die Rouladen salzen, pfeffern und in Mehl wälzen. Dann in 50 g Butter bei milder Hitze von allen Seiten anbraten und bei etwa 70 Grad im Ofen warm stellen.
Rotwein mit der Brühe verkochen und vom Herd nehmen, mit der restlichen Butter sämig-schaumig schlagen. Diese würzige Soße über die Rouladen gießen. Dazu den fein geschnittenen Lauch und Chicorée geben, alles noch einmal durchdünsten lassen.
Für das Speckgemüse den Speck fein würfeln und anbraten. Mangold, Blattspinat und die feinen Brokkoli-Röschen gut blanchieren, abtropfen lassen, über die kross gebratenen Speckwürfel geben. Mit Salz, Pfeffer und Muskat abschmecken.
Dazu passen Kartoffelröstis.

Schmortopf „Wehlauer Art“

1,2 kg Pferdefleisch aus der Keule,
2 mittelgroße Möhren (ca. 200 g),
3 große Zwiebeln, 2 Knoblauchzehen,
30 g Butterschmalz,
Salz und Pfeffer,
1 TL getrockneter Thymian,
2 Lorbeerblätter,
1/2 l trockener Rotwein,
1 Becher Crème fraîche (150 g),
1 TL gehackte Petersilie

Fleisch abspülen, trockentupfen und in mundgerechte Würfel schneiden. Möhren schälen, abspülen und in Scheiben schneiden. Zwiebeln schälen, aber ganz lassen. Knoblauchzehen schälen und zerdrücken. Fett im Bräter erhitzen und darin die Fleischwürfel rundherum goldbraun anbraten. Mit Salz und Pfeffer würzen. Möhren und Zwiebeln dazugeben. Alles gut durchbraten, jetzt Thymian, Lorbeerblätter, Tomatenmark und den Wein zufügen. Alles miteinander vermengen und bei geringer Hitze ca. 3 Stunden vorsichtig schmoren lassen, öfters umrühren. Schmorfond in einen extra Topf abgießen und einkochen lassen.
Nachdem der Schmorfond um die Hälfte reduziert ist, zum Fleisch wieder hinzugeben. In dieser Zeit die zerdrückten Knoblauchzehen mit der Crème fraîche vermengen und unter den Schmorfond rühren.
Vor dem Servieren die gehackte Petersilie hinzugeben.

Aus dem Familienkochbuch der Else Wiegbrecht, Tapiau 1910-1925

Tapiau um 1898

Zur Familie Wiegbrecht gäbe es nicht viel zu sagen, meinte Elisabeth Brückner, geborene Wiegbrecht, aus Plauen, als ich sie im Herbst 1999 aufsuchte. Beim Anblick der Bilder und Dokumente von anderen Ostpreußen wurde sie nachdenklich.

Gerne gab sie das Familienkochbuch der Wiegbrechts nicht aus der Hand, aber mit den vielen Originaldokumenten der anderen Ostpreußen, die sie fast ehrfürchtig anschaute und deren bewegende Geschichte sie in die Vergangenheit zurückführte, gewann ich ihr Herz. Sie begann zu erzählen.

Nun 73 Jahre alt, wohnt sie in einem schönen Neubau, nahe dem Plauener Hauptbahnhof. Ihre Wohnung ist sehr gemütlich und der Fahrstuhl hilft ihr, die Umgebung noch täglich zu erkunden. Sie meint, es gäbe jeden Tag etwas Neues in der Welt zu entdecken. Trotzdem sitzt sie abends gern am Fenster und denkt an die Kindheit und ihre Vorfahren in Ostpreußen.

Tapiau 1900

Ihre Großeltern arbeiteten zu dieser Zeit in Tapiau (heute Polezzk) in einer Heilanstalt für geistig Behinderte und Anna Wiegbrecht, die Mutter von Elisabeth Brückner, wird gerade geboren. Als Anna groß genug ist, tritt Else Wiegbrecht eine Stelle als Haushälterin bei einem Arzt in Tapiau an. Aus jener Zeit stammt das einzigartige Familienkochbuch, das sie ihrer Tochter hinterlassen hat.

Der Großvater Emil Wiegbrecht starb 1915 während des Ersten Weltkriegs im Hagel russischer Granaten in Gerdauen (heute russisch Shelesnodoroshnyi), das damals sehr schwer zerstört wurde.
Die Großmutter und die Mutter fuhren mit dem Kind einmal im Jahr zu Ostern an Großvaters Grab und erzählten ihr viel aus seinem arbeitsreichen Leben. Emil Wiegbrecht war in der Tapiauer Heilanstalt Pfleger und bei seinen Patienten sehr beliebt. Im Zweiten Weltkrieg wurde Gerdauen von den Russen dann völlig zerstört.

Die Großmutter Else Wiegbrecht starb im Zweiten Weltkrieg bei der Beschießung von Tapiau durch russische Granaten. Anna Wiegbrecht floh mit ihrer Tochter nun westwärts vor den heranrückenden Truppen. In einem Dorf bei Dresden fand sie

Das zerstörte Gerdauen 1915

eine Arbeitsstelle als Köchin in einem Kinderheim für geistig behinderte Waisen. Doch Anna Wiegbrecht kochte nicht nur für die Kinder, sondern schloß ihnen auch ihr Herz auf. Oft kamen sie zu „ihrer Tante" Anna in die Küche mit dem großen Kohlenherd.

Elisabeth Brückner, damals 20 Jahre jung, besuchte die Arbeiter-und-Bauern-Fakultät bei Dresden, um Kinderärztin zu werden. Sie heiratete 1948, gerade 22jährig, ihren Mitstudenten Edmund Brückner, ebenfalls angehender Arzt. Beide gingen 1972 nach Afrika und kehrten 1982 zurück, den nahen Tod des schwer erkrankten Edmund Brückners vor Augen.

Seit 1983 lebt Elisabeth Brückner allein, seit 1987 im wohlverdienten Rentenstand. Gern würde sie einmal in die alte Heimat fahren und Großvaters Grab in Shelesnodoroshnyi besuchen.

Backblechkartoffeln

Längliche Kartoffeln werden sauber gewaschen und dann in der Weise halbiert, daß zwei runde Schnittflächen entstehen. Die halbierten Kartoffeln setzt man auf das ungefettete Backblech dicht nebeneinander und läßt sie bei mittlerer Hitze im Backofen (Röhre bei 180 Grad vorheizen!) knusprig braun werden. Sie werden mitsamt der Schale verzehrt.
Dazu gab es immer frischen Kräuterquark.

Backblechkartoffeln auf andere Art

Die ungeschälten gewaschenen Kartoffeln werden in fingerdicke Scheiben geschnitten und auf ein ungefettetes Backblech nebeneinander gelegt. Im Backofen werden sie geröstet, wobei man sie wenden muß, wenn die Unterseite braun geworden ist.

Apfelkraut ohne Fett

1 mittelgroßer Rotkohlkopf,
3 mittelgroße Äpfel,
1 mittelgroße Zwiebel,
1 gestrichener TL Salz,
1 EL Zucker

Die kleingeschnittene Zwiebel auf den Boden eines angeheizten Topfes geben und unter gelegentlichem Umrühren etwas Farbe nehmen lassen. Dann das Rotkraut waschen und klein schneiden, fest über die Zwiebel schichten. Ruhig mal mit den Händen nachhelfen! Obenauf kommen die in Schnitzen geschnittenen, gewaschenen, aber ungeschälten Äpfel. Darüber dann den Zucker streuen. Nun 1/2 Liter kochendheißes Wasser darüber gießen und den Topf ganz dicht verschließen. Auf mittlerer Flamme das Gemüse dann bis zum Garwerden gut 90 Minuten stehen lassen.

Vier Arten der gekochten Mayonnaise

Erste Art

1 EL Kartoffelmehl, 1/4 l Magermilch,
1 EL Sojamehl,
1 kleine feingehackte Zwiebel,
Zitronensaft, frische Kräuter
(gehackte Petersilie, Dill, etwas Schnittlauch)

Das Kartoffelmehl mit der kalten Magermilch zu einem klümpchenfreien Brei anrühren. Dann das Sojamehl dazugeben. Die Masse im Wasserbad schlagen, bis sie dickflüssig ist. Die Gewürze, die Kräuter und Zitronensaft erst am Ende hinzugeben.

Zweite Art

20 g Fett, 20 g Mehl,
3/8 l Gemüsebrühe oder Magermilch
(je nach Verwendungszweck),
25 g Kartoffelstärkemehl,
1 TL Öl oder auch 10 g Butter,
1 Eigelb, 1/2 TL Salz, 4 EL Zitronensaft,
frisch gehackte Kräuter

Das Mehl in 20 g Fett hellgelb anrösten, dann unter beständigem Schlagen mit dem Schneebesen die inzwischen erhitzte Gemüsebrühe oder Milch daran geben und alles 5 Minuten köcheln lassen. Das Kartoffelmehl mit wenig kaltem Wasser glatt rühren, ebenfalls einrühren. Dann das Ganze erst einmal aufkochen lassen. Die Tunke vom Feuer ziehen, mit Öl oder Butter verfeinern. Erst nach dem Abkühlen das verquirlte Eigelb hineinrühren. Zuletzt mit Zitronensaft, Salz und Kräutern abschmecken.

Bei der dritten Art

das Eigelb weglassen und durch verschiedene Zusätze die Mayonnaise für verschiedene Zwecke so abwandeln, daß sie z.B. auch als warme Zugabe zu Speisen mit Teigwaren verwendbar ist. Hinzufügen von Tomatenmark, von geriebenem Meerrettich, Sauermilch, Joghurt oder auch Paprikamark von frischem Paprika ergeben interessante Geschmacksnoten.

Die vierte Art

eignet sich auch zum Anmachen vom Kartoffelsalat.

1 EL Mehl (W 405),
1/2 l Wasser, 1 kleine Zwiebel,
1 TL Öl oder 10 g Butter,
2 EL Zitronensaft,
Salz nach Geschmack

Das Mehl mit wenig Wasser glattrühren, in das übrige Wasser geben, unter beständigem Rühren aufkochen, die in ganz feine Scheiben geschnittene Zwiebel dazugeben. Alles noch einmal gut aufkochen. Jetzt das Öl oder die Butter dazugeben, vom Herd ziehen und mit Zitronensaft und Salz abschmecken.

Die Kaltschalen der Else Wiegbrecht, etwa 1912

„Um trotz der Obstknappheit erfrischende Kaltschalen reichen zu können, bereitet man die Grundlage dazu statt aus Obstsaft aus Magermilch oder Buttermilch, leicht mit Kartoffelmehl gedickt. Man reibt das Gelbe von Zitronenschale hinein, solange man Zitronen haben kann...“ (Originaltext aus dem Familienkochbuch der Frau Wiegbrecht)

Grundrezept für Kaltschalen

1 l Magermilch,
abgeriebene Schale einer halben Zitrone,
40 g Zucker,
1 EL Kartoffelstärkemehl (etwa 25 g)

Milch, Zitronenschale und Zucker unter Rühren zum Kochen bringen. Dann das in wenig Wasser glatt gerührte Kartoffelmehl hineinrühren. Noch einmal aufkochen lassen. Bei Tisch in diese Kaltschale frische rohe Früchte geben, welche man vorher klein schneiden und einzuckern sollte.

Quark-Kaltschale

250 g Quark, 50 g Zucker,
3/8 l Magermilch, 1 Päckchen Vanillezucker,
50 g geriebenes Vollkornbrot,
Kirschen oder Beerenfrüchte als Fruchtbeilage

Den durch ein Sieb gestrichenen Quark mit Zucker, Magermilch und Vanillezukker vermengen und mit einem Schlagbesen glatt rühren. Solange schlagen, bis alles schön schaumig ist. Gewaschene Beeren oder entsteinte Kirschen in die Kaltschale geben. zuletzt geriebenes Vollkornbrot darüber streuen.

„Das Deutsche Haus“ - Dorfkneipenrezepte der „Waldfrau“ Emma Linde, Schippenbeil 1904

Oskar und Eberhardt Linde im Jahre 1921
bei einer Silvesterfeier im „Deutschen Haus“, Schippenbeil.

Emma Linde schrieb mir nach der Veröffentlichung meiner Bitte nach alten Ostpreußenrezepten einen kurzen Brief und schickte ein paar historische Fotos und die Wildkräuterrezepte und Zubereitungshinweise für Wildgemüse mit.
Als ich die alte Dame dann bei einer Veranstaltung ihrer Heimatgruppe kennenlernte, erzählte sie mir von ihren Vorfahren.
Im 18. Jahrhundert waren diese im Pillkallener Stadtgebiet (ab 1938 Schloßberg, dann russisch Dobrowolsk) zu Hause und betrieben über mehrere Generationen Gastwirtschaften. Ihr Mann Oskar Linde war ein Unikum. Er führte mit dem gemeinsamen Sohn Eberhardt bis 1930 „Das Deutsche Haus“ in Schippenbeil. Emma Linde war hier als „Waldfrau“ bekannt, die eigene Wildkräuter- und Wildgemüserezepte propagierte.
Die Pillkallener Eß- und Trinkgewohnheiten wurden auch in die Gaststätten in Schippenbeil übernommen. Zum Beispiel die Pillkaller Spätlese, ein Weinbrand, der mit einer Scheibe gut geräucherter Wurst gereicht wird. Ein anderes Spezialgetränk war Stutenmilch, heißer Arrak mit Würfelzucker und Schlagsahne, aus einem Sektglas mit Strohhalm getrunken.
Emma Linde verlor 1944 ihre Familie bei einem Bombenangriff bei Königsberg. Sie fand dann Unterschlupf bei ihrer Schulfreundin Waldtraut Momsen in Leipzig. Da Emma Linde alleinstehend war und sehr viel für Kranke und Hilfsbedürftige übrig hatte, arbeitete sie bis ins hohe Alter in einem Alten- und Pflegeheim im Südosten von Leipzig.

Zubereitungshinweise für Wildkräuter, Wildfrüchte sowie Wildgemüse

Als zusätzliche Kost sollten die Wildkräuter, Wildgemüse und Wildfrüchte nicht nur in „Notzeiten“ herangezogen werden, sondern ganz allgemein noch viel mehr als bisher auch als unentbehrliche Aufwertung und Ergänzung zur Handelsware dienen. Sie sind eine Bereicherung zu dem in Garten und Feld angebauten Obst und Gemüse.

Löwenzahn:

waschen, abtropfen lassen und in feine Streifen schneiden. Dann mit Essig, Zukker und etwas Salz vermengen. Statt Essig kann auch spritzerweise Zitronensaft verwendet werden.

Brunnenkresse:

eignet sich besonders als Umrahmung zum Kartoffelsalat. Brunnenkresse darf nur nach sorgfältiger Reinigung in Salzwasser und häufigem Nachspülen verwendet werden, da ihr oft Insektenlarven anhaften.

Brennessel:

Die zarten Triebe ergeben einen sehr feinen Salat. Man kann den zuweilen etwas strengen Wildgeschmack durch Zugabe von Milch mildern. Aber Kenner schätzen gerade den Wildgeschmack sehr.
Junge Blätter abtrennen, gut abspülen und abtropfen. Ins kochende Salzwasser geben und gut durchkochen. Herausnehmen und ins Eiswasser geben, abtropfen lassen. In Butter wird ganz feingeschnittene Zwiebel glasig geschwitzt und mit den abgekochten Brennesselblättern bedeckt, einmal kurz gewendet und mit Pfeffer und Salz abgeschmeckt.

Die Hagebutte:

In den weiten Wäldern um Schippenbeil gab es sehr viele Heckenrosenarten. Deren Scheinfrüchte sind die Hagebutten, die einen sehr hohen Anteil an Vitamin C haben. Diese Wildfrüchte eignen sich besonders zur Teebereitung und zur Herstellung von Marmelade.
Bevor sie weiterverarbeitet werden, die unverletzten, trockenen und abgeriebenen Früchte auf einem mit Papier ausgelegten Kuchenblech ausbreiten. Nach dem Einschieben des Bleches in die Backröhre wird durch Einklemmen eines Holzkeiles Luftzufuhr ermöglicht. Es ist darauf zu achten, daß die Temperatur nicht über 60 Grad steigt (mit Hilfe eines Thermometer vom Einwecktopf konstante Temperatur überprüfen). Einen vollen Tag sollen die Wildfrüchte im Ofen bleiben.

Schippenbeil um 1900

Tee aus Hagebuttenschalen

1. Art :

In 1 l kochendes Wasser 1-2 TL halbierte getrocknete Hagebuttenschalen geben. Am besten kurz vor der Zubereitung die ganzen Früchte zerschneiden oder in einem Mörser zerstoßen. Das Ganze 10 Minuten durchkochen, durch ein großes Haarsieb geben und mit Honig süßen.

In hartem Wasser färbt sich der Tee besonders rot, in weichem Wasser goldgelb bis rötlich.

2. Art :

Durch Mitkochen der Hagebuttenkernchen erzielt man eine weitere geschmackliche Verbesserung. Dazu läßt man 1 gehäuften EL Hagebuttenkerne in 1 l Wasser 30 Minuten kochen. Erst dann wie zuvor beschrieben die Schalen hinzugeben.

Auf diese Weise bekommt der Tee eine Art Vanillegeschmack. Den zurückbleibenden Satz kann man 5-8 Mal aufkochen, wobei man immer wieder frische Schalen hinzugibt.
Das ergibt immer wieder einen nicht zu dünnen Tee! Diese Art der Teebereitung nur in nicht rostenden Gefäßen ausführen.

Hagebuttenmarmelade nach Emilie Linde

erhaltenes Original-Familienrezept aus dem 18. Jahrhundert

Die trockenen abgeriebenen Früchte werden mit kochendem Wasser aufs Feuer gestellt. Verhältnis: 2,5 kg Früchte und 2 l Wasser. Nach einer halben Stunde dreht man alles durch die feine Scheibe des Fleischwolfs. Dann gibt man alles in den Topf zurück und läßt es auf kleiner Flamme kochen. Hier gut aufpassen und öfter umrühren, es brennt sehr leicht an!
Die Marmelade muß sehr heiß in die ganz heiß ausgespülten Gläser oder Steinguttöpfe gefüllt werden. Auf die eingefüllte Marmelade legt man ein in Alkohol getränktes zurechtgeschnittenes weißes Papier.
Heute ist es einfacher, weil man Schraubgläser verwenden kann, allerdings ist hier zu beachten, daß die Gläser nicht zu warm und nicht im Licht stehen.

Als Emma Linde die Teezubereitung aus Hagebuttenschalen beschrieb, erinnerte sie sich an einen ururalten Mörser mit einer geheimnisvollen Aufschrift. In kyrillischen Buchstaben stand darauf etwas von Lebenserwachen und Vollmond. Der Mörser und der Stößel waren aus schwerem Metall und wurden in einer zeremonienartigen Aktion vor der Hagebuttenernte immer von der ältesten Frau im Lindeschen Haushalt geputzt. Otto Linde, der Großvater ihres Mannes, hatte ihr erzählt, daß dieses Gerät ein uraltes Familienerbstück ist und von Generation zu Generation weiter gegeben wird. Auf der Flucht von Schippenbeil nach Königsberg ging der Mörser leider verloren.

Die Hausrezepte der Erna Becker, Domnau um 1910

Ernst Becker mit weißer Schürze
zu einer Silvesterfeier 1941/42

Erna Becker, die letzte Überlebende der Familie Becker, verbringt ihren Lebensabend in einem schönen Seniorenheim bei Heidelberg. Ursprünglich war die Familie Becker seit Generationen in Domnau (heute russisch Domnowo), Kreis Bartenstein, beheimatet.
Im Januar 2000 besuchte ich die über 80jährige Erna Becker in Heidelberg und wir unterhielten uns über ihr Leben in Ostpreußen. Erst als ich ihr versprach, ihre Erinnerungen uneingeschränkt widerzugeben, gab sie mir ihr Einverständnis zum Abdruck des obigen Bildes und der einzigartigen Gemüserezepte.

Ihre Schwiegermutter, sie hieß ebenfalls Erna Becker, schenkte jeder Schwiegertochter zur Hochzeit ein sauber abgeschriebenes Handkochbuch. 1940 erhielt auch Erna Becker ein Exemplar. Sie lebte ein halbes Jahr in Domnau, wo ihr Mann und dessen Bruder in einer bekannten Fleischerei arbeiteten.
Beide Männer wurden 1940 zur Wehrmacht eingezogen. Ihr Mann Ernst Becker fiel 1945. Eine Serie von russischen Katjuscha-Raketeneinschlägen (genannt Stalinorgel) traf das Offizierskasino bei Warschau, wo er stationiert war.
Sein Bruder Eberhardt Becker wurde durch eine Mine lebensgefährlich verletzt. Er durfte noch einmal die Heimat sehen, 1943 starb er an Blutvergiftung einen sehr langsamen Tod.
Erna Becker weint, wenn sie heute wieder davon spricht. Nichts möchte sie vergessen – auch die polnischen und russischen Opfer nicht, die durch den deutschen Faschismus umgekommen sind. Viele hat sie gekannt, denn Beckers lebten mit polnischen und russischen Familien in enger Nachbarschaft.
Im Mai 1945 war Erna Becker zufällig in Weimar als Hilfsköchin in einem Krankenhaus und wurde von der sowjetischen Armee 14 Tage zu Aufräumungsarbeiten in das ehemalige Konzentrationslager Buchenwald beordert. Diese 14 Tage auf dem Ettersberg haben Erna Becker geformt.
Sie wird sehr traurig, wenn sie heute auf der Straße junge Menschen faschistische Parolen rufen hört oder im Fernsehen Kriegsbilder gezeigt werden.

Ostpreußische Kartoffelgerichte

Für die Kartoffelgerichte wurden nur Kartoffeln verwendet, die mit frischem Viehdung und nicht mit künstlichem Dünger gedüngt waren. Die Kartoffeln sollten schmecken und lange haltbar sein. Erna Becker lehrte ihre Schwiegertöchter, daß die wertvollen Nährstoffe der Kartoffeln auch durch eine bestimmte Gartechnik erhalten werden können.
Die beste Art der Zubereitung besteht laut Erna Becker darin, daß man die Kartoffeln mit der Schale im Kartoffeldämpfer oder im Topf auf ein Sieb legt und darunter Wasser zum Kochen bringt. Die Kartoffeln werden im Dampf gar.

Domnau um 1900

Domnauer Kartoffelpuffer

Ein Kilogramm ganz frische Frühkartoffeln unter fließendem kalten Wasser sehr sauber abbürsten. Zwei große Zwiebeln schälen und zusammen mit den Kartoffeln durch eine Reibe geben. Damit die Masse nicht braun wird, muß man nun schnell arbeiten.
An die Kartoffel-Zwiebel-Masse ein Ei, je einen halben Teelöffel Majoran und Schnittlauch und zwei Prisen Kümmel geben. Etwas Salz rundet den Geschmack ab. Kartoffelpuffer formen, etwa 10 cm im Durchmesser und in heißem Öl zentimeterdick backen.

Kartoffelbällchen nach einem alten Rezept

Dieses Rezept bekam Erna Beckers Schwiegermutter von einer ihrer Tanten. Zu Familienfesten wurden immer diese köstlichen Kartoffelbällchen gebacken. Als Erna Becker (die ältere) 1943 an ihrer Diabetes starb, wollte man zum Leichenschmaus diese besondere Art der Kartoffelbällchen servieren, aber keinem gelangen sie so wie der verstorbenen Erna Becker.

Man rechnet für 4 Personen etwa 1 kg Frühkartoffeln. Die in der Schale gedämpften Kartoffeln werden durch die feine Scheibe des Fleischwolfs gedreht. Die Masse erkalten lassen. Das Eiklar von 2 Eiern zu steifem Schnee schlagen und mit den 2 Eigelb zu der erkalteten Kartoffelmasse geben.
2 EL Weizenmehl, eine Prise Curry, eine Prise gemahlene Muskatnuß und etwas Salz ebenfalls hinzugeben. Die Masse gut durchkneten. Längliche Bratlinge formen, panieren in heißem Öl schwimmend backen.

Die Vollwert-Rezepte der Familie Salomon, Königsberg um 1910

Die Sojabohne ist eines der eiweißreichsten Nahrungsmittel und besitzt im Gegensatz zu anderen Hülsenfrüchten vollständiges Eiweiß.
Die Schwiegermutter von Erna Becker hatte in ihrer Jugend in einem jüdischen Arzthaushalt in Königsberg gearbeitet. Dr. Salomon jun. war Anhänger der Soja-Ernährung und verlangte von seiner jungen Haushälterin, daß sie Gerichte aus Sojabohnen kochen konnte. Die Salomons kamen noch bis 1935 nach Domnau in die Sommerfrische.

Von Bekannten aus Königsberg erfuhr Frau Becker, daß der alte Arzt mit seiner Familie das KZ Auschwitz nicht überlebt hat. Als ihre Schwiegermutter davon hörte, erzählte Erna Becker mir, brach sie in Tränen aus und blieb drei Tage stumm.

Frau Becker erinnert sich nicht mehr an die Sommergäste Salomon, aber die weichen Hände des alten Arztes, der ihr um 1930 einen Kopfverband anlegte, als sie vom Heuwagen gefallen war, meint sie noch heute zu spüren.

Bratlinge aus Sojabohnen

Beachten: Sojabohnen immer einen Tag vor ihrer Verwendung in genügend Wasser einweichen!

1. Art:

Unter 500 g Sojabohnen (vorher einen Tag einweichen!) 1 Ei, 2 mittlere ganz klein geschnittene Zwiebeln, 1 EL klein gehackte Petersilie, 2 EL Semmelmehl, und 1 EL Sonnenblumenöl mengen.
Aus der Masse fingerdicke, runde Bratlinge formen und in Sonnenblumenöl auf beiden Seiten leicht anbraten

2. Art:

250 g Grünkerne mit 1/4 l Wasser kochen. Dann mit 2 EL Sonnenblumenöl, einer geriebenen Zwiebel, 2 EL gehackter Petersilie und 4 EL Sojabohnen, mischen und gut verkneten. Zuletzt ein geschlagenes Ei darunter geben. Kleine Bratlinge formen und im Öl braten.

Reis-Bratlinge

Drei Tassen Spitzenkornreis salzen und kochen. Eine Tasse davon durch ein Metallhaarsieb streichen und mit 2 EL gehackten Kräutern (Petersilie, Dill) und einer ganz klein gehackten Zwiebel vermengen. Mit Salz und frisch gemahlenem Pfeffer würzen. Zu den anderen 2 Tassen Reis wieder dazugeben.
Zwei Eier trennen und das Eigelb an die Masse geben, dann das Eiklar fest schlagen und unter die Masse heben. Alles gut durchkneten und zu Walzen formen, in Paniermehl oder geriebener Semmel wälzen. In Olivenöl goldgelb backen.

Getreide-Bratlinge

Originaltext: Erna Becker, Königsberg 1912

Mit einem Eßlöffel Öl werden Zwiebel, kleingehackt (1 mittlere), Kräuter (1 Eßlöffel Petersilie und 1 Eßlöffel Dill, beides klein geschnitten) vermengt und erhitzt. Darauf geben wir 1/2 kg Grünkernschrot und 1/2 l Wasser sowie etwas Salz. Alles sollte eine gute viertel Stunde kochen.
Nach dem Erkalten wird ein geschlagenes rohes Ei darunter gegeben und kleine runde Bratlinge geformt. Diese brät man dann in Öl an.
Nach diesem Rezept lassen sich auch Buchweizen, Gerste und Hafergrütze zu Bratlingen zubereiten. Unter die Masse der Bratlinge können auch Gemüsereste, roher Spinat, kleine Salatblätter oder geschnittene Pilze gemischt werden.

Haferflocken-Bratlinge

1 Tasse Haferflocken mit einer Tasse Wasser, einer kleinen kleingeschnittenen Zwiebel, 2 EL feinstgehackter Petersilie, Salz und 2 geschlagenen Eier vermengen und gut durchkneten. Etwa eine halbe Stunde stehen lassen und die Masse eßlöffelweise in heißes Öl geben und etwa 1 cm dick goldgelb backen.

Spinat-Pfannkuchen

Zutaten für eine Person:
250 g Spinat, 1 Ei, 2 EL Weizenmehl, 1 Zwiebel

Spinat waschen und durch die feine Fleischwolfscheibe drehen, mit dem Ei und einer mit durch den Fleischwolf gedrehten Zwiebel vermengen.
Am Ende das Mehl darüber stäuben und mit Pfeffer und Salz abschmecken. Die Masse eine viertel Stunde ruhen lassen. Die Spinatkuchen in Olivenöl goldbraun backen.

Reisauflauf mit Tomaten

Bißfest gekochten, nur mit Salz gewürzten Spitzenkornreis in eine Auflaufform füllen, mit Tomatenscheiben dicht belegen und mit einer Soße (nachfolgendes Rezept) begießen. Dann 30 Minuten bei 200 Grad Ober- und Unterhitze backen.

Soße zum Aufgießen:
30 g Butter, 15 g Weizenmehl (W 405),
1/4 l Milch, 1 Eigelb, 1 Eiklar,
Salz und Pfeffer nach Geschmack

Die Butter erhitzen, das Mehl darüber streuen und die kalte Milch aufgießen. Die Soße durchkochen und dann abkühlen lassen. Darauf achten, daß die Soße nicht anbrennt, oft mit dem Schlagbesen rühren. Jetzt nach Bedarf würzen. Das Eigelb unter die Soße schlagen und beiseite stellen. Nun das Eiklar steif schlagen und unter die Soße geben.

Sellerie-Auflauf

2 mittelgroße Sellerie oder 1 großen,
35 g Butter, 30 g Weizenmehl,
1/2 l Gemüsebrühe oder Milch,
Salz, 5 g Hefe

Sellerie waschen, schälen und in dünne Scheiben schneiden. Eine weiße Grundsoße zum Übergießen herstellen. Dafür das Weizenmehl auf einem Blech bei etwa 200 Grad Ober- und Unterhitze anrösten. 15 g Butter zerlassen, das angeröstete Mehl darüber geben und mit Milch oder Gemüsebrühe auffüllen. Gut durchkochen lassen, damit der Mehlgeschmack schwindet. Vorsichtig mit Salz würzen, um den Eigengeschmack des Sellerie nicht zu überdecken.
Eine Auflaufform mit der übrigen Butter ausfetten, Selleriescheiben einschichten und mit der fertigen Soße übergießen. Dazwischen gestreute Hefeflöckchen bringen Lockerheit in den Auflauf.

Mandelspeise nach Domnauer Art

100 g gemahlene Mandeln mit 100 g Semmelbrösel, 2 Eiern (Eiweiß trennen, steifschlagen und unterheben), 100 g Zucker und 1/2 l Milch vermengen und mit Zimt oder Nelke sowie 1 TL abgeriebener Zitronenschale würzen. Dann in eine gebutterte Auflaufform geben und 40 Minuten backen. Stürzen und nach dem Erkalten mit einer Vanille- oder Fruchtsoße servieren.

Brotauflauf

2 EL Rosinen, Rum,
500 g geriebenes Vollkornbrot,
8 EL gemahlene Nüsse,
1 EL abgeriebene Zitronenschale,
gut gezuckerten Rhabarber oder Beerenobst,
Butter, 2 Eier,
1/2 l Milch,
Erdbeeren oder Heidelbeeren,
Staubzucker

Die Rosinen in Rum einweichen. So viel trockenes Vollkornbrot reiben, daß etwa 1 Pfund geriebenes Brotmehl entsteht. Brotmehl mit den Rosinen, gemahlenen Nüssen und Zitronenschale vermengen.
Eine Auflaufform gut einbuttern und die Brotmasse einstreuen, gut 2 cm dick. Darauf kommt eine Schicht Obst, dann wieder eine Schicht Brotmischung usw., bis die Auflaufform gefüllt ist.
Aus den Eiern und der Milch eine Soße bereiten und über den Auflauf geben. Den Auflauf in ein Wasserbad stellen und dort 40 Minuten garen lassen. Am besten während der Garzeit mit Alufolie fest abdecken und diese nicht sofort nach dem Garende abnehmen.
Auflauf stürzen und mit einer Fruchtsoße aus pürierten Erdbeeren oder Heidelbeeren servieren.
Für die Soße die Früchte waschen, in einem großen Haarsieb gut abtropfen lassen. Dann die Früchte mit einem Pürierstab pürieren oder durch ein grobes Sieb

drücken. Die entstandene Fruchtmasse vorsichtig mit Staubzucker süßen, in einem kleinen Topf vollständig erhitzen, aber nicht mit allzu großer Hitze, damit die Vitamine erhalten bleiben.

Quarkauflauf

1/4 l Milch,
50 g Grieß,
200 g Quark,
100 g entkernte Weintrauben,
50 g gemahlene Nüsse,
1 gestrichener TL abgeriebene Zitronenschale,
1 Prise Zimt,
4 Eier,
Butter, Vanillesoße

Den Grieß in der Milch kochen, abkühlen lassen. Mit dem Quark vermischen. Die Masse mit Weintrauben, Nüssen, Zitronenschale und Zimt vermengen. Eier trennen. Eiklar steif schlagen, unter die Masse heben. Eigelb ebenfalls darunter heben. Die Masse kräftig schlagen und in eine gebutterte Auflaufform geben.
Den süßen Auflauf bei 180 Grad Ober- und Unterhitze eine gute Stunde backen. Zu dem Auflauf eine süße, etwas dick gehaltene Vanillesoße servieren.

Geröstete Zuckercreme

5 EL Zucker,
2 EL Wasser,
1 l Milch,
50 g Stärkemehl oder Maizena,
4 Eier,
150 g süße Sahne

Den Zucker in einer Pfanne braun anrösten, danach mit Wasser ablöschen. Die Milch dazugeben, aufkochen lassen. Mit dem Stärkemehl andicken, abkühlen lassen. Die Eier sauber trennen und das Eiklar zu steifem Schnee schlagen. Erst die Eigelb und dann das geschlagene Eiklar unter die Masse heben. Zuletzt die steif geschlagene Schlagsahne darunter geben.
Das Ganze in Portionsschälchen füllen und bis zum Verzehr kühl stellen.

Sagopudding

100 g Sago (gekörntes Stärkemehl),
1 l Wasser,
1 l Milch,
50 g Zucker,
½ TL abgeriebene Zitronenschale,
1 TL gehackte Mandeln,
2 EL Weinbeeren,
50 g Kirschkonfitüre,
50 g Maizena,
frische Erdbeeren

Sago im Wasser kochen, die Milch hinzugeben, ebenso die Zitronenschale, Zucker, die gehackten Mandeln, die Weinbeeren, sowie die Kirschkonfitüre. Alles gut durchkochen und mit Maizena binden. In eine kalt ausgespülte Puddingform geben und kalt stellen. Kurz vor dem Servieren stürzen und mit einer Fruchtsoße aus pürierten frischen Früchten übergießen.

Domnauer Haferplätzchen

200 g Haferflocken,
100 g Pflanzenbutter,
100 g Zucker,
je 1 Prise Salz und Vanillezucker,
1 Ei

Alle Zutaten zu einem Teig verkneten. Mit einem Eßlöffel Plätzchen abstechen und auf ein gebuttertes Blech setzen. Bei mittelmäßiger Hitze (ca. 180 Grad Ober- und Unterhitze) in etwa 10 Minuten backen.

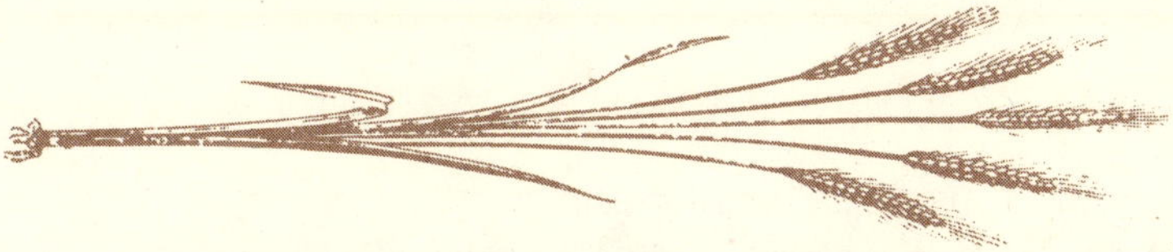

Erna Beckers Empfehlungen für den Haushalt

Erna Becker bekam von ihrer Großmutter und von ihren vielen Tanten zahlreiche gute Ratschläge für eventuell auftretende Probleme im eigenen Haushalt. Sie schrieb alles fein säuberlich auf und gab die Tips immer an andere weiter.

1.

Tee erhält ein besonderes Aroma, wenn man eine Vanillestange in den Teeaufbewahrungsbehälter gibt.

2.

Kühlen ohne Eis!
In einem Eimer mit kaltem Wasser wird eine Handvoll Salz und ein kleines Päckchen Scheuersand verrührt. In dem Eimer werden dann die Getränkeflaschen kalt gestellt. Auf diese Weise kühlte Frau Becker die Getränke, die sie mit dem Zweispänner den Bauern auf die Felder brachte. Sie stellte die „Spezialeimer" mit den Getränken am Feldrand ab.

3.

Flaschen luftdicht verschließen!
Frau Becker stellte jedes Jahr im Sommer ihren überall beliebten Obstwein her. Da auch viele Sommergäste diesen Obstwein gern kauften und ihn auch aufheben wollten, hatte sie das nachstehende alte Hausrezept herausgesucht, womit der Obstwein sich in den Flaschen lange Zeit hielt:
Man schneide den Korken hart am Flaschenkopf ab und tauche die Flasche in eine Mischung aus warmer flüssiger Gelatine und Essigessenz.
Die Masse am Flaschenkopf erkaltet rasch.

4.

Alte Kartoffeln werden schmackhafter, wenn man dem Kochwasser etwas Essig zusetzt.

5.

Weihnachtsbaumschmuck, selbst hergestellt:
Reingewaschene Tannenzapfen kurz in eine starke Salzlösung tauchen und diese trocknen lassen. Die Zapfen sehen dann aus, wie vom Reif überzogen.
Diese Kristalltannenzapfen waren ein Verkaufsrenner auf dem Weihnachtsmarkt von Domnau.

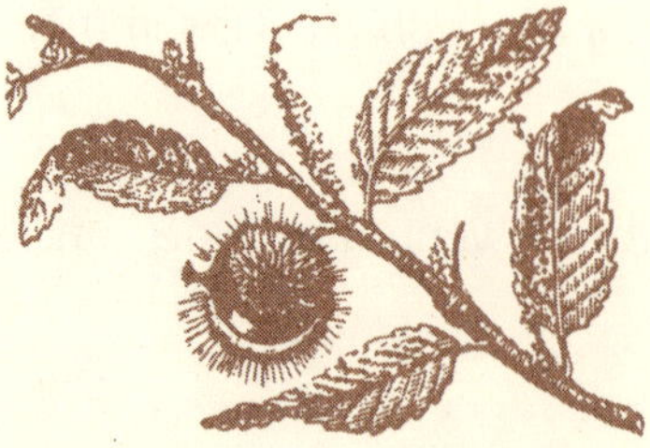

Aus dem Düring-Kochbuch (1800-1914)

Denkmal der Königin Luise,
unweit der Podehlschen Gastwirtschaft in Jakobsruhe

Die heute 82jährige Gudrun Podehl aus Dortmund entstammt einer alten Gastwirtsfamilie, die lange Zeit in Jakobsruhe bei Tilsit eine Gastwirtschaft mit Fremdenzimmern betrieb und dem preußischen Königshaus sehr zugetan war. Vor allem Königin Luise wurde von den Großeltern und Eltern tief verehrt, erzählte mir Gudrun Podehl.
Ihr Großvater, Gustav Podehl, heiratete 1886 Henriette Düring – eine der Urenkelinnen des Hofküchenmeisters Düring, der die Feld-Hofküche des preußischen Königs Friedrich Wilhelm III. führte.
Die Familie Düring ist eine uralte Koch-Dynastie und eng mit dem preußischen Hof verwachsen. Es war eine Ehre für jeden Sohn der Düring'schen Familie, als Koch-Lehrling am preußischen Hof eine Anstellung zu bekommen.
Von Hofküchenmeister Düring (1806-1814 Küchenmeister am preußischen Hof) sind einige handschriftliche Aufzeichnungen im Privatbesitz der Familie Podehl in Dortmund vorhanden.
Gern würde Gudrun Podehl einmal wieder nach Tilsit reisen, aber in der heute russischen Stadt Sowjetsk sind Besuche von ehemaligen Ostpreußen nicht so gern gesehen.

Speisezettel des Hofküchenmeisters Düring aus der Feld-Hofküche im Quartier König Friedrich Wilhems III. aus dem Jahre 1806 und 1807

Originaltext

Ortelsburg, 4. Dezember 1806

Suppe à Allmande mit Perlgraupen
Hammelkeule mit Sauce bretone
Erdäpfel au four mit Bratwurst
Rehbraten
Kleine Puddings mit Kirschsauce
Biskuit glaciert

Die Hohkönigsburg um 1910

Rastenburg, 5. Dezember 1806

Nudelsuppe mit Hühnerfilets
Weißkohl mit Gans und Bauchspeck
Frikassee vom Huhn mit Zitrone
Karpfen, blau mit Meerrettich
Gebratene Rehkeule
Plintzen
Birnenkompott
Käse

Wehlau, 7. Dezember 1806

Selleriesuppe
Rinderbraten, gedämpft
Sauerkraut und Schweinefleisch
Gebratener Reis

Hammelbraten mit Bohnen
Portugiesischer Kuchen mit Konfekt
Stachelbeerkompott

Rositten, 6. Januar 1807

Legierte Graupensuppe mit Gemüsen
Erdäpfel mit Dorsch
Blanquette von Pute
Omelette souffle

Königsberg, 4. Januar 1807
Majestäts-Tafel, Mittag

Bouillon mit Eiern und Brot
Pürree mit Hechtnockern
Rinderschwanzstück, geschmort
Erdäpfel mit Schweinskarbonade
frischer Lachs in Court-Bouillon (Gemüsebrühe)
Gefüllter Putenbraten
Torteletts mit Obst und Creme
Salmis von Rebhühnern

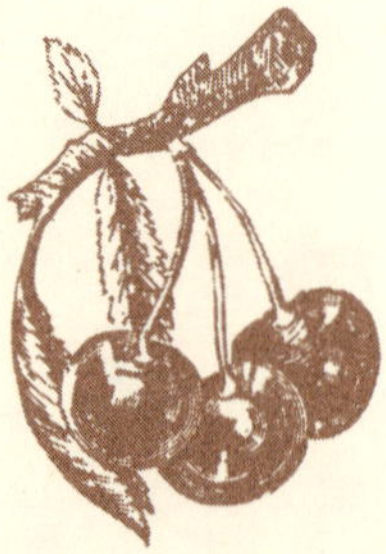

Majestäts-Tafel, Abend

Frankensuppe
Blanquette von Puten
Kompott von Glaskirschen

Königin Luise, Mittagstafel

Suppe a la Reine
Ragout von Kalbsmilch
Gedämpfte Hühner
Kompott von Aprikosen

Königin Luise, Abendtafel

Schokoladensuppe
Omelettes mit Spinatfüllung
Gebackener Fisch
Apfelkompott

Otto B. Düring, der Enkelsohn des Hofküchenmeisters Düring, war bis 1910 oft in der Küche der Hohkönigsburg tätig. Er kam von Königsberg und kochte dort, wenn besondere Gäste zu verpflegen waren.

Gefülltes Rehblatt mit Steinpilzen nach Otto B. Düring, 1906

Originaltext

Rehblätter werden ausgebeint, das Fleisch auf die Innenfläche verteilt und gewürzt (Salz, Pfeffer, Wacholderbeeren). Von den Abgängen bereitet man unter Hinzunahme von fettem Schweinefleisch eine Farce (Füllung) zu. Diese streicht man auf die ausgebreiteten Blätter und gebe einige Streifen Speck, Gewürzgurken und einige Zwiebelecken dazu (Zwiebeln pellen, abwaschen und achteln).
Man rolle die Rehblätter und binde sie wie Rouladen mit Bindfaden zusammen. Anschließend schmort man die Rehblätter mit Salz und Pfeffer, sowie Wurzelwerk (Möhren, Sellerie, Porree und Zwiebeln in kleine Stücken geschnitten) gar.

Ein besonderer Tip von Otto. B. Düring : Um ein Auseinanderfallen der Rollen zu verhüten, bestreicht man das Innere vor dem Füllen mit Eiweiß.

Die vom Bratfond bereitete Soße muß pikant abgeschmeckt sein.

Steinpilze:

Steinpilze putzen, waschen und in dünne Scheiben schneiden. Zwiebelwürfel in Butter anschwitzen und die Pilze darauf geben. Salzen und im eigenen Saft gar dünsten. Man dickt die Pilze mit Mehlbutter an. Beim Anrichten streut man frischgehackte Petersilie darüber.

Rehrücken mit sauren Kirschen nach Düringart

Den Rehrücken schön rosa braten, danach sachgemäß schneiden, auf einer Platte anrichten und mit brauner Butter übergießen. Kurz geschmorte, mit Stärkemehl gebundene saure Kirschen in Blätterteigpastetchen gefüllt in gleichen Abständen um den Rehrücken setzen.
Dazwischen Maispuffer legen. Eine Sauciere mit kräftiger, gebundener Wildjus dazu reichen.

Maispuffer:

1 kg Mais aus der Konserve mit 4 Eiern, 4 EL Weizenmehl und 1 Prise Backpulver zu einem Teig verkneten. Von diesem Teig handtellergroße Puffer abnehmen und in Butter auf beiden Seiten schön braun backen.

Rezepte aus der Schloßküche Schlobitten

Elfriede Hurtig (1889-1945) rechts außen, im Kreis ihrer Kolleginnen,
die Aufnahme entstand um 1913

„Schlobitten (polnisch Slobity) Kreis Preußisch Holland. Das Schloß ist seit 1525 im Besitz der Familie der Grafen zu Dohna. In der ersten Hälfte des 17. Jahrhundert wurde es vom Burggrafen Abraham zu Dohna im Renaissancestil umgebaut.
Nach der Zerstörung durch die Schweden erhielt das Schloß seine barocke Kultur. Das Innere des Schloßes ist nach dem Vorbild von Schloß Charlottenburg ausgestattet. Als letzter Besitzer verließ Fürst Alexander zu Dohna das Schloß im Januar 1945. Kurz darauf ist es niedergebrannt."

(Aus dem Wegweiser durch ein unvergessenes Land, Ostpreußen. Augsburg 1996)

Elfriede Hurtig war bis 1927 vorwiegend als Wäschebeschließerin auf Schloß Schlobitten beschäftigt. Sie arbeitete fast 19 Jahre dort, ehe sie nach Königsberg in eine neue Stellung ging. Wenn die großen Feste bei der Familie zu Dohna angesagt waren, half sie in der Küche aus. Elfriede Hurtig sammelte alte Kochrezepte und konnte sie bei diesen Gelegenheiten verwenden.
Sie starb 1945 in Königsberg, als sie nach einer Blinddarmoperation eine Lungenentzündung bekam. Ihre Nichte, Gudrun Podehl bewahrte die Rezepte auf.

Rebhuhnsuppentopf nach Schlobittener Art

Originalrezept

Ein altes, gerupftes und gewaschenes Rebhuhn wird angebraten und in einem Liter schwach gesalzener Fleischbrühe nebst einigen zerdrückten Wacholderbeeren weichgekocht. Dann wird es halbiert und von den Knochen befreit. In die passierte Brühe (durch ein Sieb gegossen) gibt man 200 g in Wasser weichgekochte Linsen. Ebenso einen kleineren Weißkrautkopf, welchen man klein geschnitten hat.
Alles wird eine halbe Stunde auf kleiner Flamme vorsichtig gekocht. Dann gibt man noch etwa 500 g klein geschnittene Steinpilze dazu. Auf die Suppe gibt man gebackene Zwiebelringe zur Garnitur.

Die Suppe soll die Leibspeise eines der Grafen zu Dohna im 18. Jahrhundert gewesen sein.

Um die Königin von Preußen, Luise Auguste Wilhelmine Amalie, (1776-1810), ranken sich viele Legenden und von den Ostpreußen wurde Königin Luise besonders verehrt. Zu Ehren der königlichen Familie wurden in der Memelner Küche um 1807 spezielle Gerichte gekocht. Wobei die Küche sich eher bescheiden ausnahm. Die Speisen aus der Memelner Zeit wurden auch sehr oft in der Schloßküche auf Schlobitten nachgekocht. Hier ein Rezeptbeispiel.

Schloß Schlobitten, Parkfront

Kastanienpudding
à la Schlobitten

500 g Eßkastanien (Maronen),
1 l Milch,
1 Stange Vanille,
300 g Zucker,
10 Eigelb,
5 EL Aprikosenmarmelade,
½ l Schlagsahne,
4 cl. Maraschinolikör,
100 g Rosinen,
1 EL Zitronat

Die von ihrer Schale und Haut befreiten Kastanien mit 1 l kochender Milch übergießen und eine Stange Vanille dazugeben. Alles in eine Schüssel geben und gut zugedeckt für eine Stunde an einen warmen Ort stellen. Die Rosinen in Maraschinolikör einweichen, ebenfalls beiseite stellen.
Das Eigelb und den Zucker in einem Schlagkessel über einem Wasserbad aufschlagen. Zu der dickschaumigen Masse nach und nach die Aprikosenmarmelade dazugeben, weiter schlagen.
Die Kastanien zusammen mit der Milch durch ein Haarsieb streichen und diese Masse zur Ei-Marmeladen-Mischung geben und weiter unter Hitze schaumig schlagen. Die Masse aus dem Wasserbad nehmen, abkühlen lassen. Dann die Masse in den Gefrierbehälter (heute Tiefkühlfach) stellen und oft umrühren. Sobald die Masse fest ist, aus dem Behälter nehmen. Nun die eingeweichten Rosinen, die steifgeschlagene Schlagsahne und das Zitronat unterheben.
Den Kastanienpudding in Schälchen abfüllen, vor dem Servieren stürzen und mit Schlagsahne verzieren.

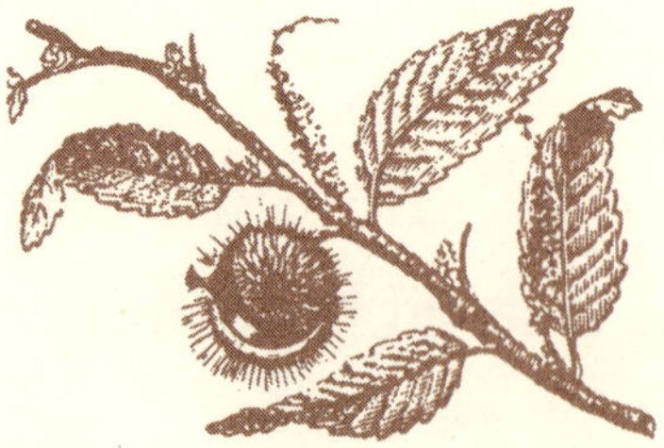

Die Schulküchenrezepte aus Labiau

Emma Kühn (mit der Kaffeekanne in der Hand)
in den 60er Jahren mit Kolleginnen

Emma Kühn wurde 1915 in Labiau (heute russisch Polessk) geboren und verlebte hier ihre Kindheit. Gern denkt sie an die damals aufblühende Kreisstadt nahe dem Kurischen Haff zurück. Hier fuhr auch der „Rasende Roland", der Zug, der die Leute von Königsberg nach Tilsit und zurück brachte.
Ihr Vater arbeitete im städtischen Finanzamt und die Mutter bei Bedarf in der Küche der hinter dem Finanzamt liegenden Schule.
Die Schwiegereltern von Emma Kühn arbeiteten lange Zeit im Kurhaus Pillauken – einer Gaststätte nahe Osterode. Hier kutschierte Ernst Kühn Sommergäste im Landauer umher und Frieda Kühn kochte echte ostpreußische Kost.
Von der Schwiegermutter hat Emma Kühn einen Hauptteil ihrer späteren Koch-

kunst erlernt. Sie heiratete selber jung einen Bankangestellten und zog mit ihrem Mann 1936 nach Königsberg. Im Zweiten Weltkrieg, den er von Beginn an bis zum Ende miterlebte, war Fritz Kühn Zahlmeister. An seine Kriegserlebnisse konnte sich Fritz Kühn später nur mit Zorn und Trauer erinnern, denn zu viele seiner Altersgefährten starben einen sinnlosen Tod.
1945 siedelte Familie Kühn wie viele andere nach Mitteldeutschland über. Während ihr Mann als Angestellter bei der Gewerbebank arbeitete, war Emma Kühn lange Zeit im Schichtbetrieb in einer Küche der deutschen Reichsbahn in Leipzig tätig. Sie fiel schon wegen ihrer ostpreußischen Aussprache auf und wurde von vielen „Marjelken" genannt. Bloß ihr Fritz durfte das nicht hören, denn er war bis ins hohe Alter eifersüchtig. Als er 1993 starb, nannte er sie noch in der letzten Stunde „Mein Marjelken".

Was in Labiau und Osterode besonders schmeckte:

Blumenkohlpudding nach Labiauer Art

Emma Kühn erzählte mir über die Herkunft dieses Gericht: „Diese Süßspeise hat meine Mutter so um 1920 hergestellt. Das Rezept dazu hatte sie von einem Küchenchef in Memel abgeguckt. Dessen Vorfahren haben für die königliche Familie gekocht. Es ist also leicht möglich, daß dieses Rezept in anderen Küchenfachbüchern schon aufgetaucht ist.
Zu Hause hat meine Mutter dieses Rezept oft zur Erntezeit des Blumenkohls gekocht. Der Vater aß diesen Blumenkohlpudding sehr gern – mein Geschmack ist es nicht.
Als ich ihn vor Jahren einmal gekocht habe, mußte ich weinen, so übermächtig überfielen die Erinnerungen mich."

Labiau um 1920

150 g Butter, 3 kleine Brötchen,
etwas Milch, 1 Kaffeetasse süße Sahne, 5 Eier,
1 Tasse süße, gehackte Mandeln,
Salz, Saft von 1/2 Zitrone,
1 Blumenkohl

Butter schaumig rühren. Die Brötchen in Milch aufweichen und mit der Sahne zu einer dicken Soße kochen.
Eier trennen. Das Eiklar steif schlagen und kühl stellen. Die Eigelb mit den Mandeln in die erkaltete Soße geben. Mit Salz und Zitronensaft würzen.
Den Blumenkohl in kleine Röschen schneiden und in Salzwasser weich kochen. Danach die Blumenkohlröschen vorsichtig mit der dicken Soße und dem Eischnee vermengen. Diese Puddingmasse in gebutterte Portionsförmchen füllen und eine halbe Stunde ins Wasserbad stellen.
Den Pudding auf einen Spiegel von Tomatensoße oder Holländischer Soße (aus Blumenkohlkochfond) stürzen und servieren.

Weiße Bohnen mit süßsaurer Tunke und Bauchspeck

Weiße Bohnen einweichen und dann mit etwas Salz und einem Stück Schweinebauch gar kochen. Speck und Zwiebeln in kleine Würfel, Möhre in Scheiben schneiden, in Butter leicht anrösten. Mehl darüber stäuben, so daß eine leichte braune Mehlschwitze entsteht. Mit etwas Brühe auffüllen und klar kochen.
Dann die Tunke mit Essig, Sirup, Johannisbeergelee und Paprika abschmecken. Die Bohnen mit der süßsauren Tunke binden. Dazu pro Person eine Scheibe gekochten Schweinebauch und eine Scheibe geräucherten, gebratenen Bauchspeck geben.

Romintener Jagdpastete

Am Tage zuvor zubereitetes Sauerkraut, angebratene, in Scheiben geschnittene rohe Kartoffeln, Reste vom Wildbraten in eine mit Speck ausgelegte Pastetenform schichten. Eine würzige Wildsoße darüber geben und mit geriebenem Käse bestreuen. Butterflocken obenauf setzen und 40 Minuten in der vorgeheizten Röhre bei 180 Grad backen.

Gedämpfte Schweinekarbonade

In dicke Scheiben geschnittenen Schweinerücken mit viel Zwiebeln und nicht zuviel Wasser weichdämpfen. Von der Brühe und weiteren Zwiebeln eine weiße Zwiebeltunke bereiten und diese über die Kartoffeln geben.

Kurhaus Pillauken bei Osterode um 1910

Kartoffelklöße auf ostpreußische Art

2 kg Kartoffeln, 1 Prise Salz,
2 Eier, 50 g Stärkemehl,
50 g Räucherspeck,
1 mittelgroße Zwiebel

2/3 rohe geriebene Kartoffeln mit 1/3 durchgedrückten gekochten Kartoffeln mischen und mit den Eiern, dem Stärkemehl und dem Salz zu einem Teig vermengen.

Von dem Kartoffelteig runde Klöße formen und in Salzwasser kochen. Räucherspeck in kleine Würfel schneiden, Zwiebel klein hacken und in etwas Öl bräunen. Über die abgetropften Klöße gebratene Räucherspeckwürfelchen und geröstete Zwiebel geben.

Alphabetisches Rezeptverzeichnis

Quellen der Leihgaben

(Fotos, Ansichtskarten und Dokumente)

Otto Lube, Dresden:
S. 2 Der Königsberger Dom, 1910,
S. 16 Foto von W. Meinhardt 1920,
S. 21, 23 Ansichtskarten von Königsberg 1910, 1915,
S. 27-33, 35 alle Fotodokumente, Ansichtskarten, Auszug aus Taufregister sowie Originalrezepte,
S. 41 Werbe-Postkarte Kochkunstausstellung 1937,
S. 61, 62, 67, 81, 85, 87, 89, 97, 101, 113, 119 historische Ansichtskarten von Ostseebad Cranz 1900, Rastenberg 1940, Bartenstein 1910, Wehlau um 1900, Tapiau um 1898, Schippenbeil um 1900, Domnau 1900, Schlobitten, Hohkönigsburg 1910

Harald Saul, Gera:
Titelbild: Die Insterburger Landbevölkerung, 1900
S. 8 Foto von Ella Brachmann 1932, S. 17 Ansichtskarte von Liegnitz um 1900, S. 34 Ansichtskarte von Königsberg 1890, S. 37 Foto von Karl-Eduard Frick, 1935

Fam. Uhlmann, Meinigen: S. 19 Foto von Bernhard Friedrich, Meiningen, 1970

Fam. Wenig, Leipzig:
S. 45 Schiffsausflugsbild 1930, S. 47 Arbeitsplan, Original 1933

D. Floßner, Kiel: S. 50 Foto von Adelheit Rumert um 1880

F. Marschner, Berlin: S. 59 Gruppenfoto von 1900

Fam. S., Kassel: S. 63, 65 Ansichtskarten, Marienburg, Rastenburg um 1900

Fam. Fischer, Bad Düben:
S. 69, 71, 73 historische Fotos 1880-1925, Ansichtskarte von Allenstein

E. Metz, Dortmund: S. 78, 83 historische Fotos 1891-1920

R. Linde, Leipzig: S. 94 Familienfoto Vater und Sohn Linde, 1921

E. Becker, Heidelberg: S. 99 Foto 1942

Fam. Podehl, Dortmund:
S. 105 Ansichtskarte von Tilsit, S. 110 Gruppenfoto, Schlobitten um 1913

M. Kühn, Taucha bei Leipzig:
S. 121 Foto von Emma Kühn, Leipzig um 1955, S. 123, 125 Ansichtskarten, Labiau und Pillauken